外国语言文学前沿研究丛书

法律语言研究
——语篇语义视角

王振华 著

legal

上海交通大学出版社
SHANGHAI JIAO TONG UNIVERSITY PRESS

图书在版编目(CIP)数据

法律语言研究：语篇语义视角／ 王振华著. —上
海：上海交通大学出版社,2020
ISBN 978－7－313－23718－7

Ⅰ.①法…　Ⅱ.①王…　Ⅲ.①法律语言学－研究
Ⅳ.①D90－055

中国版本图书馆 CIP 数据核字(2020)第 167436 号

法律语言研究──语篇语义视角
FALÜ YUYAN YANJIU──YUPIAN YUYI SHIJIAO

著　　　者：王振华
出版发行：上海交通大学出版社　　　　　　　地　　址：上海市番禺路 951 号
邮政编码：200030　　　　　　　　　　　　　电　　话：021－64071208
印　　制：江苏凤凰数码印务有限公司　　　　经　　销：全国新华书店
开　　本：710 mm×1000 mm　1/16　　　　印　　张：14
字　　数：241 千字
版　　次：2020 年 11 月第 1 版　　　　　　　印　　次：2020 年 11 月第 1 次印刷
书　　号：ISBN 978－7－313－23718－7
定　　价：82.00 元

前　言

　　首先解释一下为什么书名的主标题用"语言"而副标题又用"语篇语义"。

　　主标题中使用"语言",主要是想廓清两种语言,一种是"真空中的语言",一种是"使用中的语言"。所谓"真空中的语言"主要指辞书编撰者收录在字典、词典或辞典中的词语(王振华,2008;Wang,2019)。这些辞书一般都对所收集词语的音、形、义以及用法加以定义或解释。一旦词语被辞书定义或解释,其意义或用法就像储存在真空里一样被固定了下来,成了"共核意义"(common core meaning),等待人们去查找或参考。所谓"使用中的语言"主要指人们传情达意时使用的已有定义的词语。人们在传情达意的过程中,根据自己的意图和目的,同时考量话语适用的场所和时间,以及受众的各种情况,选择使用"真空中的语言"的意义并予以增减。这时候词语的意义不仅有辞书中收录的意义,还有说话者意义、情景意义和受众意义。这种情况下,"真空中的语言"走出了"真空",进入了"使用",成了"使用中的语言",是实际意义上的"语篇"。

　　本书中研究的法律语言是指人们在法律语境中使用的语言,即"法律语篇"。它有别于辞书中所讲的"法律语言"。在浦法仁(2015)所编的《应用法律词典》里,法律语言被定义为"以词汇和语法构成来表达法律的内涵"。这个定义似乎没有毛病。但是,仔细推敲还是能看出些许问题的。首先,"法律的内涵"应该由语言来表达。词汇和语法尽管各有功能,但是它们不是语言的全部;即便是"词汇和语法"也不能构成语言的全部。其次,词汇关注的是个体词的词汇意义,不考虑词汇在大语篇中的语篇意义;语法关注的是语言单位的结构组织以及这些结构的抽象意义,不考虑其在大语篇中扮演的角色以及产生的语境意义。这种不考虑使用中的词汇和语法的"构成"是不能很好地"表达法律的内涵"的。另外,法律语言不仅要表达"法律的内涵",还要表达法律的外延,也就是说,要表达与法律有关的所有范围,如立法、司法、执法,以及与立法、司法、执法有关的人和事。研究法律语言就是要研究法律语篇的语义。

语篇语义,顾名思义,不是语音、词语、句子的语义,而是大语篇(有别于把小句当作语篇)的语义。语篇语义受社会实践、历史文化、意识形态、心理认知、时空变化、多元模态、遣词造句、谋篇布局等多方面的制约,是一个非常复杂的语义系统。在系统功能语言学里,语篇语义是概念意义、人际意义和谋篇意义的总和。目前分析语篇语义比较有效的理论工具是系统功能语言学框架下的六个语义系统,即呈现概念意义的概念系统和联结系统,呈现人际意义的评价系统和磋商系统,以及呈现谋篇意义的识别系统和格律系统(Martin & Rose,2007/2014)。法律语篇(立法语篇和司法语篇)是大语篇,不仅呈现专业知识,具有机构性,而且负载日常知识,具有社会性(李文,2020)。除此之外,法律语篇,尤其是司法语篇,还具有多模态性(吴启竞,2020)。可见,法律语篇反映社会实践、价值观、心理认知活动,是一种社会过程,是人类社会的缩影。这样的语篇更适合使用系统功能语言学视角下的语篇语义系统来研究。

本书由四部分组成。第一部分破题发凡,从司法话语的社会背景和研究意义出发,介绍系统功能语言学理论及其研究框架,强调司法话语和法律语篇的社会功能。第1章介绍语言学对于研究法律和法律行为的重要性,勾勒出语言和话语研究在法治社会中举足轻重的地位。第2章全面阐释和论述系统功能语言学理论框架,研究法律语篇作为社会过程所实现的各种功能,构建司法话语和法律语言学研究的语篇语义观。第3章则研究法律语篇的语境、社会过程、格律系统,并分析谋篇语义维度的法律语篇特征。

第二部分从不同理论框架和视角出发,介绍和分析司法话语的不同角度和侧重。第4章和第5章着重讨论法律语篇的人际功能,通过对实际语料的细致分析,探究法律语篇如何认知主体实现个体态度的识解过程并建构人际关系。第6章运用拓扑学视角,考察态度意义的不确定性及态度范畴化动态性,同时考察态度范畴化和态度次级范畴的边界等问题,使态度系统更加适用于实证分析。第7章讨论从多模态视角研究司法话语的重要性,解析司法话语的多模态属性,考察目前在司法话语领域的多模态研究进展,并提出未来值得重视的研究方向。

第三部分旨在将语言学理论"落地",运用理论知识辨析具体法律语篇,将理论置于司法话语语境中，进一步剖析司法语篇的形式与功能。第 8 章通过对《中华人民共和国宪法》的语类分析，阐释其主要交际目标是如何实现的。第 9 章以《中华人民共和国婚姻法》为研究对象，在分析其语篇语义的基础上探讨作为社会过程的法律语篇中具体功能的实现。第 10 章以中国刑事案件的法庭辩护为主体，在态度系统的框架下研究刑事辩护词中的态度资源，并归纳刑事辩护词不同语类阶段中态度资源的分布。

第四部分关注具体案例研究，希望为深层次解读司法话语提供帮助。本部分主要包含具体的国内外法庭语篇或司法过程语篇的分析。第 11 章以美国辛普森案为例，从系统功能语言学的情态系统出发，分析和讨论法庭交叉质询所揭示的人际关系。第 12 章从山东德州的一个案例出发，运用系统功能语言学视角对该案中"自首"和法定的"自首"进行深入的比较研究。第 13 章以美国司法史上影响力最大的案例之一——马伯里诉麦迪逊案为研究对象，着重分析案例中语言使用的过程，探讨法官如何运用让步语言化解冲突。第 14 章以交通事故处理过程的话语为分析对象，通过分析交警和事故当事人的对话协商来说明交警执法过程中的话语权力关系，并对执法实践中的语言运用提出了建议。

本书得以付梓面世，得益于上海交通大学外国语学院的资助和许多人的支持和帮助。感谢我指导的硕士、博士研究生，博士后和马丁适用语言学研究中心的同仁参与相关的研讨与合作，感谢杨翕然老师在百忙中为本书统稿，感谢出版社编辑付出的辛勤劳动。是他们的关心、合作与支持，使本书的出版成为可能。由于作者专业水平和理论水平有限，书中存在的不足之处，希望读者不吝指正。

著　者

目　录

第二部分 理论顶天之适用视角撷华

第4章 作为社会过程的法律语篇及其人际语义的实现   39

第5章 作为社会过程的法律语篇——态度纽带与人际和谐   53

第6章 态度系统的范畴化问题及其拓扑应对方法   63

第7章 司法话语多模态研究的现状与未来   76

第三部分　适用立地之司法语篇辨义

第 8 章　《宪法》的语类研究　　　89

第 9 章　作为社会过程的法律语篇与概念意义研究——以《中华人民共和国婚姻法》为例　　　101

第 10 章　汉语刑事辩护词中态度资源的分布　　　118

第四部分 适用立地之案例语义析理

插图目录

表格目录

第一部分

理论顶天之司法话语撮要

适用语言学研究是理论和应用的融合。理论和研究框架在经过应用和分析的锤炼后才得以真正反映社会背景、描述交流、加深理解。本书第一部分破题发凡，从司法话语的社会背景和研究意义出发，介绍系统功能语言学理论及其研究框架，强调司法话语和法律语篇的社会功能。第1章介绍语言学对于研究法律和法律行为的重要性，勾勒出语言和话语研究在法治社会举足轻重的地位。第2章全面阐释和论述系统功能语言学框架，研究法律语篇作为社会过程实现的各种功能，树立引领司法话语和法律语言学研究的语篇语义观。第3章进一步研究法律语篇的语境、社会过程、格律系统，并分析谋篇语义维度的语义系统特征。

第1章
法治社会需要语言学

1.1 引 言

我们日常在口语中说出的 fǎzhì,书写出来有两种形式:"法制"和"法治"。那么,二者有什么不同呢? 根据浦法仁主编的《应用法律词典》(2015)一书定义,"法制"是法律和制度的统称,包括一国全部法律、法规以及立法、执法、司法、守法和法律监督等各项制度。"法治"是依照法律管理国家的一种治国方式,有四种特征:① 运用法律调整各方面的关系;② 国家机关及其工作人员严格依法行使国家权力,人民群众依法享有权利和履行义务;③ 在适用法律上对所有的人一律平等;④ 以一定阶级的民主政治为前提。通过该词典的解释不难看出,"法治"就是依法治理,类似英文中的 the rule of law。法治体现宪法精神,执政者依法办事,公民依法享有权利和履行义务。根据阿蒂亚(1998:112 - 124)、张文显(2003:332 - 335)、张中秋(1999:298 - 318)和高志明(2004:5 - 8)等人的说法,法治至少有四种社会内涵和意义:① 治国方略或社会调控方式,② 依法办事的原则,③ 良好的法律秩序和④ "法治"代表着某种具有价值规定的社会生活方式。

一个社会有必要建立完备的法律体制,更有必要在完备的法律体制框架下遵守这些制度、执行这些制度。这样的社会方能称为是法治社会,这样的社会方能算作"尚法、守法、执法公正、依法行政的社会"(张文显,2003:332 - 335)。

在法治社会里,法律用来规范人和机构的行为。而法律本身和法律行为离不开语言表达。因此,研究法治社会里的法律和法律行为则离不开研究语言。这种研究可以称之为法律语言学。

1.2　善恶行为与法律语言的功能

有关人性善恶的问题,学者们历来争论不休。"一切法律问题说到底都是法律文化问题,而一切法律文化问题说到底又都是从对人性善恶的假设与判断开始的"(郝铁川,1999)。我国从春秋战国时期的"百家争鸣"起,即有"性善论"与"性恶论"之争,"在汉武帝'罢黜百家,独尊儒术'之后,性善论占了上风,特别是宋代《三字经》问世,开宗明义便说'人之初,性本善,性相近,习相远'",(同上引)使得"性善论"在中国延绵传承两千余年。人性本恶的思想亦由来已久。晚年的柏拉图及其学生亚里士多德都认为,人的本性是贪婪自私的。中世纪罗马帝国的基督教思想家奥古斯丁有"原罪论"之说。我国战国末期的思想家荀子主张"性恶论"(郝铁川,1999;查国防,2006)。从每个人都企图把私欲和私利最大化这一点上看,人的本性首先是"恶"的,"善"是一种社会规范的结果。人在将自己的私利和私欲最大化的过程中,或多或少要影响或损害他人的利益。按照奥古斯丁的"原罪论"所言,犯罪是人天生的行为,因此人是犯罪本原。按照荀子的"性恶论",犯罪是人恶性的表现,人的恶性之所以得以显现以致转化为犯罪,是后天不"伪"的结果。"伪"是由人的社会化来实现的,也就是说人的犯罪本性可以在后天加以规范而成为善,这种规范在一定程度上反映了社会整体作用(查国防,2006)。

正视"人性本恶",便于实施法治。而"人性本善"则"把治理国家看作是'修身、齐家、治国、平天下'的道德修养过程,不是努力通过建立、完善外在的规范和制度去约束人的行为,相反却是尽力向内心挖掘,试图通过提高人的觉悟来建立一个君子国。因此,就人的本性而言是不需要法律的,'以孝治天下''以德治天下'是最好的治国方式。统治者懂不懂法无关紧要,只要个人操行优良即可,'内圣'方能'外王'。"(郝铁川,1999)

我们认为,社会人性善恶共存,必然导致人的行为复杂多样。根据(张恒山,2002:1)的分类,人的行为大体上有 7 种:

1) 损他利己行为,
2) 损他不利己行为,
3) 损他亦损己行为,
4) 不损他利己行为,
5) 利他亦利己行为,

6) 利他不利己行为，

7) 利他损己行为。

法律要约束和规范的行为主要是：损他利己行为、损他不利己行为和损他亦损己行为。

"法律之所以要对人的行为加以规范和控制，就是由于人的行为有涉他性，并且这种涉他性行为有可能出现损他的结果。"（同上）法律语言主要规范的是人的涉他损他性的"恶行"。

1.3　语言与"恶行"

语言可以实施"善行"或"恶行"。语言实施的善举不胜枚举，但不是本节讨论的重点。这里只讨论语言是如何实施"恶行"的。以下几个镜头反映了语言与"恶行"的关系。

镜头一，通过诽谤实施损人"恶行"。中央电视台 2005 年 8 月 19 日播出的《今日说法》栏目报道了针对某电影演员的流言蜚语。报道称，一位网名叫"女光棍"的北京女网民在网吧里上网发帖，说该演员曾做过堕胎手术。后来一名网名叫"多大事儿啊"的江苏女网民在网上传播该演员变性的谣言。两条流言越传越广，最终引来 30 多家媒体的报道。随后，重庆一家报社为求证，发表了题为《网上恶搞再次升级，某演员被疑是变性女》的文章。但是，此后的情形发生了质的变化，有网站转载时，主观臆断，断章取义，歪曲了报纸文章的初衷，如某网站有题为《某演员小学好友爆料：她曾经做过变性手术》《某演员秘密堕胎？曾给主治医生 10 万元封口费？》的文章。被采访的重庆这家报社的工作人员说："变味了，不是我们的初衷。"

不难看出，上述网站上标题中实施的行为是通过语言实现的损人"恶行"。"做变性手术"这件"事"本身并不损人。譬如，医生将这种手术施于需要手术的人的行为不是"恶行"，因为手术医生的职责就是如此。再如，需要做变性手术的患者去医院做了变性手术，也不是"恶行"，因为患者有权利到医院做变性手术。但"做变性手术"的命题意义与价值观念相结合后有可能会产生一定的"负面意义"（negative meaning）。在中国文化背景下，人们对变性的看法是负面的。当别有用心的人散布谣言，说没有做过变性手术的人做了变性手术时，这种负面语言就升级为侮辱。也就是说，"做变性手术"这一语言可以用来贬低、诋毁或侮辱他人，是一种损他行为。"女光棍""多大事儿啊"以及网站上的标题就是通过这样的语言策略和手段来诋毁和侮辱该演员的,即实施了"损人"的"恶行"。

上例属民法范畴,下例为刑法范畴。

镜头二,通过威胁和撒谎实施损人"恶行"。据央视国际网站 2004 年 1 月报道,2003 年 10 月 16 日上午 10 时左右,代某泉、刘某霞夫妇驾驶着满载大葱的农用车行驶到某市人才市场门前。为了躲避从对面驶来的面包车,代将农用车的方向盘向右打了一下,没想到却与停在路边的一辆宝马车刮在一起(固定大葱用的绳子套在宝马车的倒车镜上)。但代某泉夫妇并没有察觉,继续开车前行,宝马车则被农用车拖出约 1.5 米。此时坐在宝马车内的苏某文姐妹立即下车拦住代某泉夫妇。据许多目击者说,苏某文上车前说了"我要撞死你"。接着,车身稍稍后倒,马上猛冲向前,将刘某霞撞死,并致 12 人不同程度受伤。事发当天,苏某文的丈夫关某波(音)稍后开着一辆奔驰车赶到现场。关安慰苏说:"没事儿,有 100 万够赔他们的了!"据了解,关某波是该市某集团的总裁,也是该市最大的路桥承包商。

在庭审现场,苏某文坚称自己从前到后没有与刘某霞有过任何对话,也不知道她与代某泉是夫妻。而交警部门的认定书中明确写道:苏某文供述,自己下车后骂了农用四轮拖拉机司机代某泉,后被代某泉的妻子刘某霞拉开,刘还连连向苏道歉。

苏某文所持的驾驶证是 1997 年核发的,驾龄应该是六年。在交警部门最初的询问中,苏某文的回答是"经常开车"。而在法庭上,苏说她不会开车,是当年 8 月她女儿回国后才教她学的开车。苏甚至说:"我不知道什么是手刹车。"

对这个片段进行语言分析,可以看出宝马车肇事司机苏某文实施了至少两种"恶行":剥夺他人生命权("我要撞死你")和为逃避责任而撒谎(认识 VS 不认识;"经常开车"VS"我不知道什么是手刹车")。下文对两种恶行分别进行分析。

恶行一,剥夺他人生命权。"我要撞死你!"这是一句语气很强的话,书面语中应是感叹句。感叹句是带有浓厚感情色彩的句子。这说明说话者说这句话时情绪激动,意志坚定。这是人的报复心理在作怪。结果可能是"撞死",也可能是不撞。但是,根据事态造成的强烈的心理冲动看,结果可能是前者。另外,从概念元功能上看,这是一个物质过程小句,参与者"我"要将"撞死"这一动作过程传递给参与者"你"。尽管小句中使用的情态语气词"要"不是"正极性"(positive polarity)也不是"负极性"(negative polarity),但是,结合语境(事态的结果：“你”被撞死了），“要”的负面情态意义得到了消解。因此，这个小句通过系统功能语法解释得出的语言学意义是：“我”要实施置“你”于死地的这个过程。

恶行二，为逃避责任而撒谎。“我要撞死你”中已非常清楚地说明，“我”和“你”是“撞死”这个过程动词要求的并出现了的参与者。在“我要撞死你”这一言语中，“我”和“你”不仅在语法上通过动性传递已有“接触”，在现实生活中，“我”和“你”也已进行过交流。“我”不可能不认识“你”。因此，“我”撒了谎。另外“经常开车”与“我不知道什么是手刹车”是相互矛盾的两个命题。根据常规关系理论（徐盛桓，1997，2003），两种“事物”经常的、规约性的联系在一起，那么两种事物之间是互含的关系，形成了一种常规范式。据此，我们可以推导出：“经常开车”的人一定知道什么是刹车，因为“车”必有“刹车”，“开车”的人不仅知道什么是“刹车”，还要知道怎么使用刹车。再有，“经常开车”的人不仅知道手刹车，还应知道脚刹车。因此，苏某文说“我不知道什么是手刹车”纯属撒谎。

1.4　结　语

语言是把双刃剑。上文说道，语言可以实施“恶行”，同时也可以实施“善行”。现实社会中，善良与邪恶、正义与非正义是并存的。语言能实施善良，也能实施邪恶；能实施正义也能实施非正义。法治社会弘扬正义和善良，遏制非正义，预防犯罪，惩处邪恶。语言在施行这些活动时起着不可或缺的作用。

语言在实现正义与善良、邪恶与非正义时是有一定规律的。要搞清楚这些规律就必须有语言学家的参与。语言学家的参与能使人对善良和邪恶、正义和非正义的认识更加客观、详细、全面，能够帮助实现“法律面前人人平等”这一理想，保护公民的合法权益。在英语国家，语言学家参与司法实践的例子比比皆是（参看 Gibbons，2003），如美国的罗杰·舒意（Roger Shuy），澳大利亚的约翰·吉本斯（John Gibbons），迈克尔·沃什（Micheal Walsh）等在庭审中作为专家证人出庭，许多冤案错案得以纠正平反。他们在司法领域里所起的至关重要的作用早已得到了社会的认可（参看吴伟平，2002）。

正是因为语言是把双刃剑，也正是因为语言实施恶行和善行时有一定的规律，我们才应该对法律语言进行真正的、严肃的、深入地研究。

第2章
作为社会过程的法律语篇
—— 系统功能语言学框架下的语篇语义观

2.1 引　言

　　现代意义上的法律语言研究主要涉及立法语言和司法语言。英美国家在立法语言方面的研究关注的主要是法律语篇中的词语、句法结构、标点符号、"简明英语运动"①，语言和法律权利等（如 Mellinkoff，1963；Tiersma，1999；Gibbons，1994、2003；Tiersma & Solan，2012 等）；在司法语言方面关注的主要是警察讯问、法官语言、律师语言、证人证言、交叉询问、直接询问、语言证据、双语、法庭口译、语言犯罪等（如 O'Barr，1982；Judith & Walker，1990；Solan，1993；Conley & O'Barr，1998；Gibbons，2003；Heffer，2005；Couthard & Johnson，2010；Tiersma & Solan，2012；Shuy，2014 等）。我国在立法语言方面的研究，主要涉及词义、句法、修辞、语言立法等（如陈炯，1998；潘庆云，2004；李振宇，2006；周赟，2011；黄震云、张燕，2013 等）；在司法语言方面的研究，主要是公检法语言，律师语言、司法鉴定、法庭演讲、警察讯问等（如王洁，1997；杜金榜，2004；赵军峰、陈珊，2008；廖美珍，2009；刘振宇，2010；郑东升，2011；曾范敬，2011；杨凤仙，2014 等）。但是，就我们所掌握的材料看，迄今把法律语篇作为社会过程进行系统研究的成果尚不多见。

　　本章在系统功能语言学范式下，根据附生性语境理论，从语篇语义的六个维度，探究法律语篇作为社会过程所实现的竞争、冲突、顺应、合作和同化，考察法律语篇是如何在社会语境制约下通过语义选择实现不同的社会过程，以

---

① "简明英语运动"倡导以读者为中心，使用简明扼要的语言向受众传递信息。

期为法律语篇研究提供一个语篇语义学视角的研究路径。

2.2　社会过程及其类型

　　社会属性是人的本质属性,这种属性是个体在社会化过程中参与到与其他个体或群体互动的社会过程中逐步形成和显露出来的。社会过程(social process)即"发生在日常生活语境中或机构语境中的无限的社会事件序列,通过这些事件人们获悉社会技能"(Brown,2005:462)。具有社会属性的人在参与社会活动的过程中不断地进行理性或非理性选择,他们在各种各样的社会活动中建立社会关系,从而结成同盟(affiliation),形成不同帮派和团体,持有不同偏好、信念和价值观。这种由互动而结盟的过程,我们称之为社会过程。

　　根据交往目的一致与否,可以将社会过程范畴化为竞争(competition)、冲突(conflict)、顺应(adaptation)、合作(cooperation)和同化(assimilation)等行为过程类型(Hinkle,1966:XIII,XVII;Cooley,1966:Chapters 2,4,6,8,12 & 22)。竞争是为实现同一目标或达到一定的目的而展开的相互超越对方的行为过程。冲突是在双方利益或价值观念对立的基础上产生的不和谐、敌对或仇视的行为过程。顺应是为了生存或与他人和平相处而调节自己适应社会环境的行为过程。合作是相互配合以实现共同目标的行为过程。同化是不同的个人或团体,融合并成为同质的组织的行为过程。

　　根据功能,上述 5 种类型的社会过程可分为分化类社会过程和融合类社会过程。

　　竞争和冲突是分化类社会过程,但分化的程度会有不同。冲突的分化作用往往大于竞争的分化作用,尽管冲突有严重的分化功能,但解决冲突的过程也是推动社会发展的过程。正如刘易斯·科塞(Lewis Coser)1956 年在《社会冲突的功能》中所说,"冲突具有正功能和负功能。在一定条件下,冲突具有保证社会连续性、减少对立两极产生的可能性、防止社会系统的僵化、增强社会组织的适应性和促进社会的整合等正功能。"因此,某种意义上讲,社会冲突是社会生活的中心过程(Collins,1975)。与竞争和冲突不同,顺应、合作和同化是融合类社会过程,是维系社会整体性的主流。人类本性是善恶并存的。人们在不同语境下呈现的善恶程度是不同的,其行为也相应地会不尽相同。人类行为一般分为"损他利己行为、损他不利己行为、损他亦损己行为、不损他利己行为、利他亦利己行为、利他不利己行为和利他损己行为"7 种(张恒山,

2002：1）。这些行为都不同程度地体现了上述5种社会过程中的某些过程,如损他利己行为隐含竞争甚至冲突（如恐怖活动在意识形态和价值观念上的表现）,抑或有顺应、合作和同化（如传销活动、欺诈广告等社会行为）。

综上所述,人类的社会过程是一个对立统一体,其中的分化过程和融合过程同属社会过程,同根同源;另外,二者之间既相互对立,又相互依存。社会过程的实施,可以导致分化也可以导致融合,还可能导致分化中有融合,融合中有分化。至于是哪种结果,取决于人们在意图和目的的驱使下对竞争、冲突、顺应、合作和同化做出适时的选择。如图2-1所示:

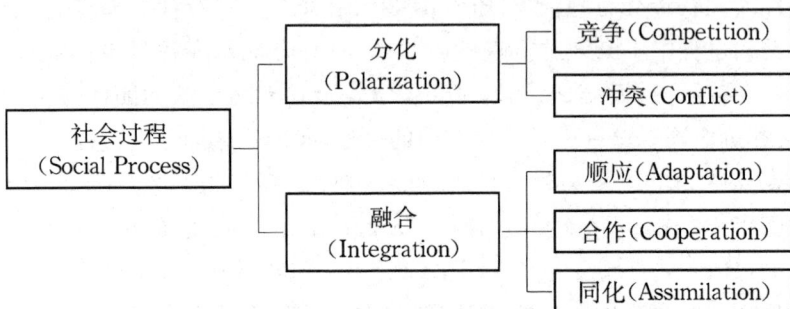

图2-1 社会过程系统图（见王振华、张庆彬,2015：2）

2.3 系统功能语言学社会符号观视域下的法律语篇

韩礼德（Halliday 1978/2001）将语言视为社会符号,指出人通过语言媒介与他人进行意义交流和沟通,主张将语言视为机体之间（inter-organism）的现象来研究,重视语言在社会语境下的功能。系统功能语言学的社会符号观与本研究从社会学、法学和语言学相结合的跨学科视角研究法律语篇的思路相契合,也是我们将法律语篇视为社会过程的理论依据。

为了说明语言在整个社会符号系统中的地位和作用,韩礼德（同上）提出区分"能做""能表"和"能说"三个层次。其中"能做"是指人类的行为潜势,"能表"是指人类的意义潜势,而"能说"则是指具体的语言使用,其中"能说"体现"能表","能表"体现"能做"。作为"能说"的语篇被视为社会符号过程。根据韩礼德的理论（同上）,意义建构在语义系统中,并以语篇的形式产出和交流,语篇是编码在句子中的实现化的意义潜势;意义的交流是个互动过程,语篇是使建构社会系统的意义得以交流的符号互动,是人类介入语言互动的实例。因此,语篇的本质特征是互动。语篇这种"能说"之所以是社会过程,是因为语篇不仅可实现"能表",更是"能做"的实例,"我们和他人一起参与"建构语篇类型(Martin & Rose,2003:7)。同理,作为语篇类型的语类也被定义为一种社会过程,这种社会过程具有目的指向性,而且这种目的指向性是分阶段实现的(Martin,1992:503;Martin & Rose,2003:7-8;Martin & Rose,2008:229-248)。这样一来,人们交往和互动时的意图、目的必然反映在语篇中,他们对竞争、冲突、顺应、合作和同化的选择也一定能通过语篇反映出来。

人们在法律语境内所经历的竞争、冲突、顺应、合作和同化这些社会过程往往以法律语篇的形式得以建构,实例化为各种类型的法律语篇。因此,可以说法律语篇是法律语境内各种社会过程类型的实例。系统功能语言学认为"实例化指概括的程度"(Martin,2006:284),据此可推出,法律语篇是在法律语境下通过实例化被概括的社会过程。

研究作为社会过程的法律语篇,必然离不开交际目的和法律语境,因为"语言作为沟通手段,必须在历史的进程中不断地结合行动者的主观动机以及它们在特定情境中的意义"(林信华,2011:17)。系统功能语言学从社会视角研究语言,建构了研究社会过程诸要素的可操作性系统,如强调社会目的的语类,涵盖发生活动的场合、活动参与者和语言角色三要素的语域,实现意义潜势的语言三大元功能和六大语篇语义系统等,从而成为研究作为社会过程的法律语篇的理想理论。

2.4 附生观与语篇语义观

2.4.1 系统功能语言学的语境附生观

在系统功能语言学学派内部,对社会语境研究贡献最大的当数韩礼德和马丁。韩礼德以其语境变体与语言纯理功能耦合关系(hook-up relationship)研究而著称于世,马丁则因其对文化语境(context of culture)所作的进一步切分和对话语图式结构(schematic structure)所作的解释而受到学派内部广泛的关注(胡壮麟等,2008)。

韩礼德(1978/2001)提出情景语境的三个变体,即语场(field)、语旨(tenor)和语式(mode)。语场指的是进行的活动、交谈的话题以及场地等情景因素;语旨指的是交际双方的社会角色关系;语式指的是话语活动所采用的媒介或渠道。上述三种语境因素共同作用,在具体的交际场景中以具体的方式出现,从而为每个具体的语言活动提供语境构型(contextual configuration)。这三个语境变体与语言的概念元功能、人际元功能和谋篇元功能相互照应,搭建了语言与语境连接的界面,使得语境和语言使用之间可以相互预测。

马丁在接受韩礼德语域要素三分法之前,首先接受的是格里高利(Gregory)语域要素四分法,但发现在语场、功能语旨、个人语旨和语式四要素中,功能语旨与语言三大元功能的任何单一功能都无法形成对应的概率匹配关系,而是涵盖了语言三大元功能的全部内容。为了在语境理论系统中给功能语旨找到合适的位置,马丁及其同事提出可以将其单列为一个上位的、更为抽象的语境因素,但为了避免混淆,提出用语类的概念替代功能语旨中的语旨概念,并在叶尔姆斯列夫(Hjelmslev)分层思想的影响下提出语境分层理论(stratified contextual theory),将语境分为语类和语域(Martin,1999),并认为语类是上位(superordinate)文化层次的概念,是意识形态的表现,可类比为"文化语境"(context of culture)(Martin,1992/2004:495)。语言的功能是表达语域,语域的功能是表达语类。"语类将语域中语场、语旨和语式表达的内容进行整合,使三者表达的意义成为系统的、相互关联的社会过程"(Martin,1992/2004:495)。语域呈现人们在特定文化语境中互动的潜势,语类决定人们实际互动的具体方式。这就是系统功能语言学建构的从语类到语域的较为全面的语境理论。

传统观点认为社会语境与语言之间是嵌套关系,即语言嵌套于语境之中,并在其中发挥作用。马丁(Martin,2014)将附生性应用到对语境的研究上,他区分了社会语境和语言之间的附生关系和嵌套关系,如图2-2所示:

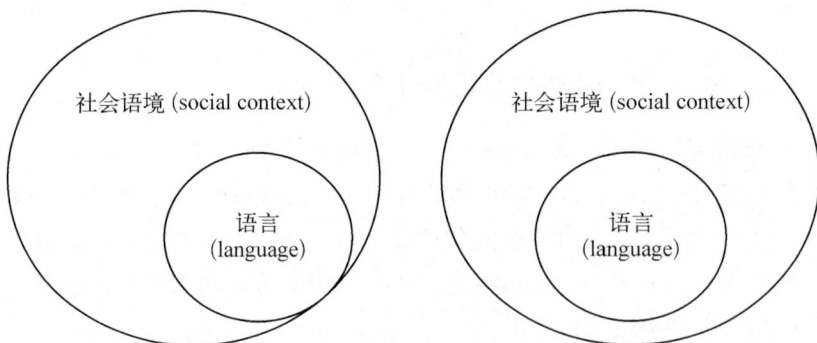

图2-2 语言与语境的附生关系(左)和嵌套关系(右)(改自 Martin,2014:12)

　　附生性是一个心智哲学(philosophy of mind)概念。研究附生性的哲学家(以戴维森为代表)关注的主要是心/物之间的关系,认为心/物附生性是一种共变(covariance)、依赖(dependency)和决定(decision)关系,同时又是一种非还原关系(nonreducibility)(Davidson,1980)。戴维森还认为,两个事件,如果它们所有的物理属性相同,则它们的精神属性也相同。即精神上的不同导致物理上的不同,物理上的等同导致精神上的等同,但是相反的情况不能成立。这种关系叫作"一对多"的关系(陈刚,2005)。根据附生性理论,社会语境和语言两个部分的关系是附生关系,即社会语境附生于语言之上,由语言实现。也就是说,语言是原生物(subvenient),社会语境是附生物(supervenient)。社会语境传递的意义高于语言传递的意义,具有高度概括性。语言传递的意义使社会语境意义具体化。

　　在社会语境和语言附生关系的基础上,马丁进一步深入讨论语境和语言两个系统中 5 个层次(strata)之间的附生关系(如图 2-3 所示)。他认为下一个层次和上一个层次之间的关系是实现关系,这个观点和传统的系统功能语言学观点是一致的。他提出语境附生观的目的主要是强调语境是高于语言的一个意义层次,而不是嵌套关系强调的语言嵌套在语境之中,语境是语言外部的、与语言没有内部联系的独立体。

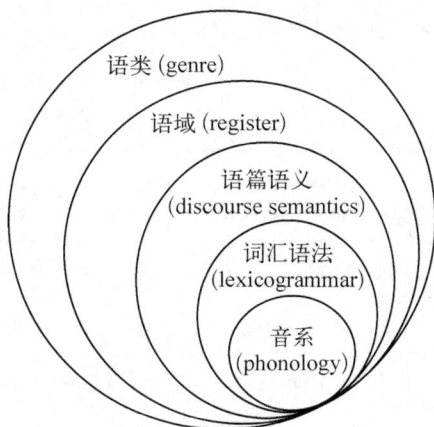

图 2-3　语言与社会语境的附生性模型(改自 Martin,2014:14)

　　依据附生观分析,不难看出,图 2-3 中的 5 个同切圆可以分两部分,一部分是社会语境,另一部分是语言。社会语境包含语类和语域两个层次,语言包含语篇语义、词汇语法和音系三个层次。语类和语域的关系是附生关系,即语类附生于语域之上,语域是原生物,语类是附生物,语类由语域来实现;语类的意义高于语域的意义,具有更高的概括性,语域的意义将语类的意义具体化。同理,语言系统中的三个层次之间关系也是如此,即语篇语义附生于词汇语法,词汇语法附生于音系。

　　附生性主要体现的是实现化的层级关系。实现化和语境附生观都基于层次观(stratification),实现化侧重层级之间抽象化程度及其实现关系,附生性语境观更突显实现化层级中语境层与语言层之间的关联。因此可以认为,实现化与附生性语境观是看待同一现象的不同视角。

2.4.2 系统功能语言学的语篇语义观

语境变体和语言功能变体的关系是可以预见的(Halliday & Matthiessen，1999)，而语境和语言产出之间并没有直接的对应关系。将语境和语言产出连接起来的是语言的三大元功能。如上所述，语域三个变量分别照应并决定概念元功能(ideational function)、人际元功能(interpersonal function)和谋篇元功能(textual function)。从语篇语义视角看，概念元功能可通过概念系统和联结系统来研究，人际元功能可通过评价系统和协商系统来研究，谋篇元功能可通过识别系统和格律系统来研究。三大元功能和语篇语义系统的照应关系见表 2-1，关于语篇语义系统的详细内容见马丁和罗斯的研究(Martin & Rose，2003；2007)。

表 2-1 三大元功能与语篇语义系统的照应
关系(改自 Martin & Rose, 2007: 8)

语篇语义 (Discourse Semantics)	语篇系统 (Discourse Systems)	元功能 (Metafunction)
评价(Appraisal)	态度协商(Negotiating Attitudes)	人际(Interpersonal)
协商(Negotiation)	组织交流(Enacting Exchanges)	人际(Interpersonal)
概念(Ideation)	经验呈现(Representing Experience)	概念(Ideational)
联接(Conjunction)	事件联接(Connecting Events)	概念(Ideational)
识别(Identification)	人/物追踪(Tracking People and Things)	谋篇(Textual)
格律(Periodicity)	信息流(Information Flow)	谋篇(Textual)

语篇是"文本/话语生产者通过文本/话语(产品)及与其消费者的互动来实现社会目的的系统"(王振华，2009：26)。"研究协商和评价，就是研究生产者、消费者和社会目的；研究识别、联结、格律和概念意义，就是研究产品本身"(王振华，2009：27)。对语篇本身的研究可还原语篇中社会过程的目的，因为语篇不仅具有自身的构造特点和意义规律，还承载着生产者信息、意图和态度，并体现承载方式和策略。通过评价、协商、识别、联结、格律和概念这六个分析维度进行分析，可以全面地研究法律语篇中意义的呈现过程(概念角度)，意义的协商过程(人际角度)和意义的编织过程(语篇角度)。冲突、竞争、顺应、合作和同化等社会过程在意义的呈现、协商和编织过程中得以实现。语言

使用者需要从上述六种语篇语义资源中做出相应的选择，在选择的过程中实现这些社会过程。

综上，系统功能语言学的社会符号观是我们将法律语篇视为社会过程的理论依据，其语境附生观为我们的研究提供了理论支撑，其语篇语义观为我们的研究提供了可操作性工具。下文将参考系统功能语言学的上述理论建构作为社会过程的法律语篇的分析模型。

2.5　作为社会过程的法律语篇的研究路径

"语言为意义生成提供资源，意义存在于供选择的系统模型中"（Halliday & Matthiessen，2014：23）。我们使用语言的过程就是将语言系统实例化（instantiation）的过程。实例化指语言的系统和实例形成的连续系统，其一端是具有意义潜势（meaning potential）的语言系统，另一端是我们生成的文本或话语［即意义行为（acts of meaning）］。"一种文化的意义潜势通过一个个文本得以具体化"（Martin，2010：22）。为了进行交际，我们首先选择语言的系统（语音系统、书写系统、词汇语法系统和语篇语义系统），然后将所选系统实例化。选择是由语言使用者做出的，选择的范围是语言的意义潜势。同时，我们选择语言系统并将其实例化是有意向和目的的，这些意向和目的是受语境因素制约的。因此，我们研究作为社会过程的法律语篇，既要自上而下考虑法律语境对语言选择的制约，又要自下而上重视对语言资源的选择。人们在法律语境中不可避免地与他人进行意义交流以实现竞争、冲突、顺应、合作和同化等社会过程，而相应的语言资源的选择是实现社会过程的语言行为，并将其实例化为法律语篇。我们认为，可供选择的法律语义资源包括识解经验的概念意义、磋商关系的人际意义和谋篇布局的谋篇意义，而这三大语义又分别通过语篇语义的六个系统得以实现（见图 2-4）。从附生性语境观到语篇语义资源选择，我们建构了一个研究作为社会过程的法律语篇的分析模型，如图 2-4 所示（↓表明不同单个项目之间的关联，⇩表明多个项目共同与另外项目发生关联）：

人们作为社会存在必然生活在一定的时空环境中，当然也受其制约。人们在社会过程中首先要遵守社会文化规约。除公序良俗外，法律规范是个体社会化过程中必须遵守的准则。人们参与社会活动总是基于某种目的而与其他人缔结或维持种种契约关系。这些契约关系是关于不同的具体事项、涉及

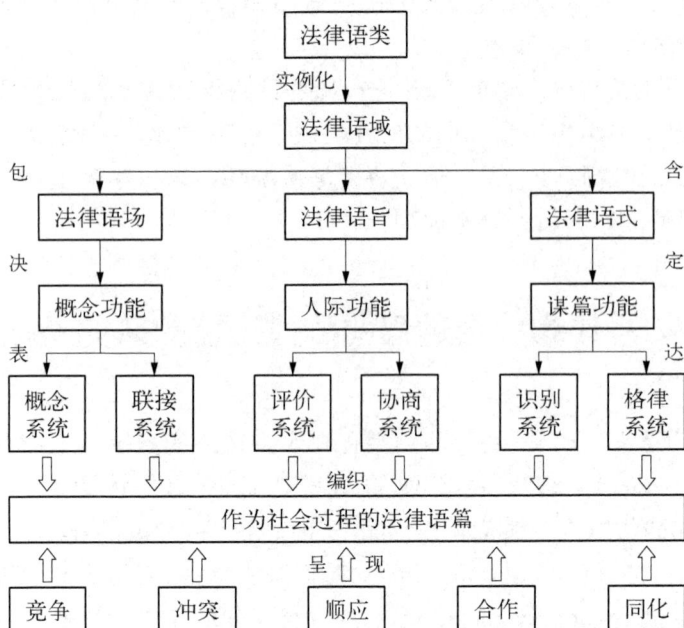

图 2-4　作为社会过程的法律语篇的研究模型

不同的人,同时通过不同的方式呈现出来的,这些是法律语境下契约关系的语场参数、语旨参数和语式参数。根据识别规则和实现规则(Bernstein,2000:104)规定,人们通过对不同参数的考量形成对语境的识别,并遵照自己的交际意向,从法律语义潜势中进行选择以表达涉法经历(概念意义)、建构或维系契约关系(人际意义),并通过特定的建构方式(谋篇意义)将其组织起来以便于理解和参考,最终呈现为法律语篇。法律语篇继而成为语境中法律主体与其他主体意义交流的媒介和载体,作为社会互动的语言形式,实现着竞争、冲突、顺应、合作和同化等社会过程。法律语篇实现社会过程,具有规范行为、调节关系、维护秩序以及普及法律的功能,既受制于法律语境,又体现人们的交际意图,因此可以通过研究法律语篇重构法律语境,回溯交际意图,并揭示人们如何通过语篇语义资源的选择实现不同的社会过程。

　　为验证上述模型的适用性,我们以法律语篇的典型代表庭审语篇为例,探讨语篇语义资源的选择是如何用于实现不同的社会过程的。法庭审判的语类目标是处理法律纠纷,做出令涉案各方信服的判决;其语类阶段为开庭、法庭调查、法庭辩论、被告人最后陈述、评议和宣判。庭审语篇的语场是审判活动,其核心为判断涉案嫌疑人的行为是否构成犯罪以及调节双方的权力和义务关系。庭审参与者是具体的与案件相关人员,如原告、被告、公诉方、各方律师和法官等,他们之间的关系是不平等的。庭审语篇是口头语篇。庭审参与者通过庭审语篇实现竞争、冲突、顺应、合作和同化等不同的社会过程。据此,我们建构出法庭审判中的社会过程系统图(图 2 - 5):

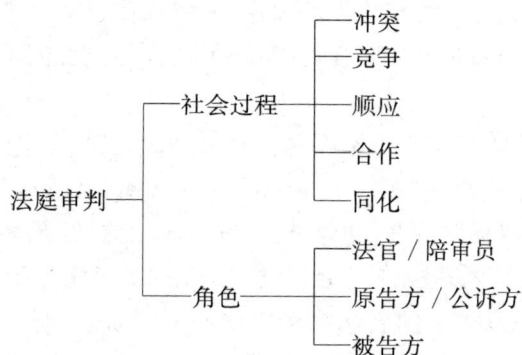

图 2 - 5　法庭审判社会过程系统图

庭审语篇中的互动是在一对一互动基础上的交叉互动(余素青,2010),尽管庭审参与者相互之间通过法律语篇可以实现上述各个不同的社会过程,但法庭审判中较为凸显的社会过程却相对固定,如图 2 - 6 所示:

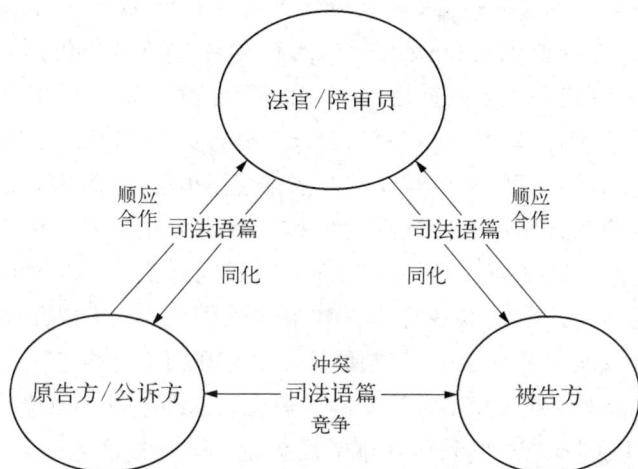

图 2 - 6　庭审语篇中凸显的社会过程

在庭审语境中,原被告双方往往源于某种冲突而进入法庭审判,在庭审中处于一种竞争状态,双方都致力于说服法官或陪审员,期望他们做出有利于己方的判决。因此,他们必须选用各种语言策略来顺应审判方,通过语言策略的应用换取审判方的支持。法官和陪审员由于机构身份所赋予的权势地位，需要以事实为依据，并依据法律对案件做出判决，尽力使案件相关人员接受，实现对他们法律关系和人际关系的调节，化解冲突，完成对他们的同化。判决一旦生效，冲突双方就要选择顺应判决结果或选择上诉。如果上诉，新一轮的冲突和竞争将会继续，直至终审结果的出现，完成法律语篇对冲突的解决和人际关系的调整，重新回归和谐。同样，要实现上述社会过程离不开对不同语篇语义资源的选择。

下面将从语篇语义的六个维度简要分析一例完整的庭审。本文所使用的语料是我们从中国法院网（http://www.live.chinacourt.org/chat.shtml）①"现在开庭"栏目中随机抽取的 2014 年 9 月 29 日丰台法院"借名买房惹争议 亲属对簿公堂"案。本案原告张先生与被告马先生（张先生的姑父）签订《协议书》约定，张先生以马先生的名义购买房屋并申请贷款，贷款本息由张先生按月向银行缴纳，贷款还清后，马先生无偿将房产过户给张先生。现房屋贷款本息已全部还清，但马先生由于牵涉拆迁怕影响到自己不可预知的利益而迟迟不履行过户义务。张先生将马先生（被告一）及张女士（被告二）诉至法院要求其协助办理过户手续。

庭审中审判员和涉案人员之间的顺应、合作和同化主要通过协商资源来实现。作为权势地位高的一方，审判员优先选择祈使语气来引导庭审活动的不同语类阶段，充当要求对方做出行动的行动者 2（A2）角色，如"现在开庭""下面进行法庭调查""法庭调查结束，下面进行法庭辩论""现在休庭"等；并使用疑问语气澄清涉案事实的相关信息，如"原告的户口？""是否具有买房资格？""为何现在起诉？"等，充当索取或澄清信息的知晓者 2（K2）角色。原被告对审判员的顺应和合作主要体现在他们按照要求做出行动，参与到庭审过程中，充当行动者 1（A1）的角色，并对审判员的提问做出了顺应性应答，承担知晓者 1（K1）的角色。本案审判对原告和被告的同化主要体现在，在涉案事实和双方诉讼争议明确的基础上，审判员提出调解的建议并得到了双方的认同，使双方的矛盾得到暂时的缓解，并创造了解决问题的条件和机会。

庭审中原被告双方的竞争和冲突最为显著，主要是通过对案件事实的重现来实现的，如被告讲："我之前说过两年过户，现在不同意过户，原告威胁我生命安全了。"从概念系统来看，这段话由三个小句构成，第一个小句"我之前说过两年过户"，是言语过程，言语者（sayer）是"我"，即被告，过程动

---

① 注：此处来源无误，但本书付梓时该网页已过期。

词为"说",言语内容（verbiage）为"过两年过户"，其环境成分是表示过去时间的"之前"，表明原被告双方之前的约定。第二个小句"现在不同意过户"，是心理过程，感知者（senser）是省略的"我"，过程动词为否定的"不同意"，现象（phenomenon）为"过户"，环境成分为表示时间的"现在"，表明被告改变主意，原被告双方产生了冲突，而冲突的核心在于"过户"。第三个小句"原告威胁我生命安全了"，是物质过程，动作者（actor）为"原告"，过程动词为"威胁"，目标（goal）是"我生命安全"，双方的冲突随之升级。从联结系统来看，由于汉语属于意合语言，且所选语料为口语，没有显性的连接词，但隐性的联结关系（意义上的连贯）非常明显，如第二句与第一句之间是明显的转折关系，省略了连接词"但是"；另外，前句中的"之前"和后句中的"现在"在时间上也形成了对比，加上前句的肯定和后句的否定，两句的意义形成了更加鲜明的对比。第三句和第二句是明显的因果关系，省略了连接词"因为"，通过隐性联接表达：因为原告威胁了被告的生命安全，被告才改变了主意，不同意过户的。从评价系统来分析，被告首先使用了反预期的介入成分"不"，但随后通过对原告行为在正当性意义上的负面评价"威胁我生命安全"，扭转了由于反预期而给听众带来的对被告的负面印象。被告通过对原告的负面评价，凸显了双方的冲突。从协商系统来分析，被告所作的陈述是回应审判员的问题："被告称这两年不能过户，是否有具体期限或条件？"被告使用了较为少见的挑战性话步（challenge move），没有直接回答审判员的是非疑问句，而是强调了他与原告之间的冲突。从识别系统的选择来分析，庭审语境对不同参与者所赋予的机构角色反映了他们之间的关系，如原告和被告的机构身份就表明他们之间存在一定的法律冲突。格律系统主要用于分析书面语篇的语篇结构，关注的是信息是如何"打包"以便于理解的，庭审语篇是以对话为主，口头语篇的格律特征并不明显，在此不做分析。通过以上分析，被告通过对不同语篇语义资源的选择实现了冲突过程，并将过错归结于原告，以获得法官的支持并实现自己的交际目的。

出于共同的利益，被告二积极认同被告一的观点，并在必要的时候作出补充。如对被告一针对原告的诉讼请求、事实与理由进行的答辩时，被告二明确表达"同意被告一意见"。在回答审判员关于过户的具体期限和条件的问题时，被告一出于气愤说出"我之前说过两年过户，现在不同意过户，原告威胁我生命安全了"，强化了原被告双方的竞争和冲突。被告二则较为理性，巧妙使用不同的联接资源将自己关于过户的意见表达得合情合理。用时间连接词表达给原告过户的时间期限"拿到回迁房的钥匙和房本后，我无偿给原告过户"，然后用原因连接词表达这样做的理由"因为涉诉房屋在我们名下,我们担心拆迁分房时会扣我们一部分钱,影响我们不可预知的损失",最后用让步和假设连接词表达为对方过户的条件,"但是如果拆迁分房顺利,我方无损失,我同意无偿过户"。被告二对这些联结资源的巧妙使用不仅能得到审判人员的支持,也容易获得原告的认可。这样合情合理的表达是对被告一意见的有效补充,体现了两者基于共同利益的合作关系。

2.6 结 语

本章在系统功能语言学范式下,将法律语篇视为社会过程,并从附生性语境理论和语篇语义选择两个层面研究作为社会过程的法律语篇,建构了分析模型。笔者认为在探索如何通过法律语篇实现社会过程的研究中,既要充分考虑语境的制约因素,又要重视对语篇语义资源的选择,通过语篇语义六个维度分析法律语篇中概念意义、人际意义和谋篇意义,可以阐明法律语篇中的社会过程是如何实现的,也能全面揭示人们是如何利用法律语篇实现其交际意图的。

本章采用系统功能语言学作为适用语言学的研究路径,即从语言问题出发建构理论并适用于解释这些问题(Mahboob & Knight, 2010)。作为语言学、法学和社会学学科交叉研究的一个尝试,本章所建构的分析框架为研究法律语篇中社会过程的实现提供了较为全面的操作工具。笔者分析时没有涉及大量语料,分析也是提纲挈领式的,我们将在下一章从概念语义、人际语义和谋篇语义出发,详细分析和深入讨论法律语篇中社会过程实现的特点和规律。

第3章
作为社会过程的法律语篇及其谋篇语义

3.1 引　言

随着我国社会法治化进程的发展,越来越多的法律从业人员和法律语言学研究者认识到语言在法律中扮演的重要角色以及法律语篇分析的重要性,语篇分析的方法也引起越来越多的学者的关注,成为"法律语言学主要的研究方法之一"(杜金榜 2004:39)。就语篇分析而言,系统功能语言学学者的不懈努力为语篇研究做出了重大贡献,从韩礼德和麦蒂森(Halliday & Matthiessen,2014:1,359)聚焦小句的语法分析,到马丁和罗斯(Martin & Rose,2007:3-7)跨越小句的语篇语义系统,再到马丁和罗斯(Martin & Rose,2008:5-17)社会语境视域下的语类理论,系统功能语言学范式下的语篇研究呈现出了多层次、多维度、多功能的特点。所有这些都为法律语言学学者进行语篇语义研究时提供了强有力的理论支撑和参考。

本章根据王振华(王振华、田华静,2017)"法律语篇作为社会过程"的观点和马丁的语类理论,将法律语篇视为一种由竞争、冲突、顺应、合作和同化形成的社会过程;同时,在系统功能语言学理论的指导下,将语篇层的格律系统(periodicity)和识别系统(identification)作为分析法律语篇谋篇语义(textual meaning)的两个视角,探索法律语篇中的竞争、冲突、顺应、合作和同化五种社会过程,以及它们在法律语篇中实现的规律。

3.2　社会语境、语言系统与法律语篇

系统功能语言学框架下的社会语境(social context)指文化语境(cutural

context）和情景语境（situational context）。韩礼德和麦蒂森（Halliday & Matthiessen 2014：33）将情景语境抽象为语域（register），认为语域包括语场、语旨和语式三个变体。马丁将文化语境抽象为语类（genre），把语类定义为"分阶段实现的、有目标取向的社会过程"（Martin，1992：503；Martin & Rose，2003：7）。马丁认为，语域本身是一个意义系统（Martin，1992：502），形成不同的模式，语类是语域不同模式的模式。社会语境是比语言更高一层的意义层次。系统功能语言学框架下的语言系统分三个层次，自上而下分别为语篇语义、词汇语法和字系/音系。三个层次把语言抽象为语篇语义、词汇语法和字系/音系三种意义模式。每一个模式又分别是一个系统。每个系统之间的关系是实现关系（realization），低一级的层次实现高一级的层次（见图 3-1）：

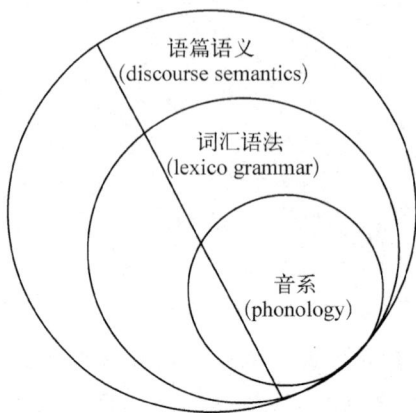

图 3-1 语言层次关系（马丁、王振华，2008：74）

马丁传承了韩礼德的系统功能思想，"第一个深入、全面阐述了语篇语义学"（姜望琪，2011：64），创立了语篇语义研究的系统网络（Martin & Rose，2007：8），即评价、商榷（二者对应人际元功能），概念、联结（二者对应概念元功能），识别、格律（二者对应谋篇元功能），填补了语篇语义研究没有系统研究的空白[①]。迄今为止，系统功能语言学的语境分析、语篇分析、语法分析已形成了一个层次分明、结构完整的理论框架。这个框架廓清了社会语境与语言系统之间的关系，认为他们之间并非嵌生性关系（circumvenient relation），而是附生性关系（supervenient relation）（见图 3-2）：

附生性概念源于伦理学，指的是一种本体论关系（ontological relation），一个系统中的下层属性决定上层属性。图 3-2 左右两图的差别在于前者"视语境为内涵符号系统（connotative social semiotic system），体现为语言这个外延符号系统（denotative linguistic system）"（王振华、张庆彬，2013：8），社会语境附生在语言之上，两圆相切的点就是语境系统与语言系统的意义联系；而后者持语境、语言二元论，认为语境是语言发生的现实环境（包括其在大脑、心理中

---

① 韩礼德认为当时的学术能力尚不能建构一个语言的语义系统。英文表述是："At the present state of knowledge we cannot yet describe the semantic system of a language."（Halliday，1994：F46）

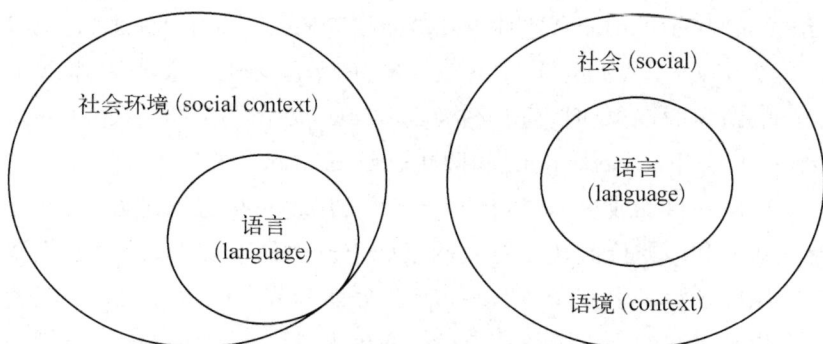

图 3-2　语境与语言的附生性关系(左)和嵌生性
关系(右)(Martin，2014：12)

的对应感知表征)，语言嵌生于语境中，两圆互不相切，并非内涵、外延的体现关系。

　　这个框架不仅关注社会语境的变量差异、语篇的意义系统以及语言实现形式之间的彼此联系，还指出了语篇在构建社会活动、实现社会过程中的关键作用。以马丁为代表的系统功能语言学家们号召，"语法学家应从文本意义出发重新考虑小句意义，社会学家应把社会活动看作是文本意义协商的结果"(王振华，2007：2；Martin & Rose，2003：1)。

　　法律语篇与社会文化和人类生活的密切性、权力性、约束性远高于普通语篇，是"目的指向性十分突出的机构性语篇"(杜金榜，2007：40)，其语篇发生的目的、功能、语言特征、使用要项等相关因素均可在系统功能语言学的社会语境模型中得到更好的阐释解读、理论说明以及应用指导。人们通过创制和使用法律语篇，包括口头的与书面的、繁长的与简短的等等，来完成各式各样的法律活动。这些法律语篇呈现出的谋篇语义在语法层的实现结构如何，语篇的信息又是被怎样组织成一种完整有效的信息模式进行传递的，是本章关切的问题。

3.3　作为社会过程的法律语篇 及其谋篇语义的实现

3.3.1　社会过程及其类型

　　人具有社会属性，在各种各样的社会活动中建立社会关系，从而形成社会圈子,结成同盟(affiliation),这种由互动而结盟的过程,我们称之为社会过程。基于社会学(Cooley,1966:1-43;王振华、田华静 2017)的观点,学者将这些交往、互动、结盟的现象和特质归纳为竞争(competition)、冲突(conflict)、顺应(adaptation)、合作(cooperation)和同化(assimilation)五种社会过程类型。竞争是为实现同一目标或达到一定的目的而展开的相互超越对方的行为过程。冲突是在双方利益或价值观念对立的基础上产生的不和谐、敌对或仇视的行为过程。顺应是为了生存或与他人和平相处而调节自己适应社会环境的行为过程。合作是相互配合以实现共同目标的行为过程。同化是代表不同的个人或团体,融合而成同质的组织的行为过程。其中,竞争和冲突属于分化类过程,顺应、合作和同化属于融合类过程,详见图 2-1。

　　法律主体在交流时出现的竞争、冲突、顺应、同化和合作过程直接影响法律语篇的调节关系、规范行为、维护秩序以及普及法律的功能。在社会语境中,法律主体、法律关系等要素的属性不同,相应法律语篇的语篇语义、语法特征也随之不同。本章的研究目标是考察谋篇语义与法律语篇中社会过程的实现特征,即作为消息(message)与信息(information)的法律语篇是如何实现上述五种社会过程的①。

3.3.2　法律语篇的格律系统

　　格律系统是语篇语义系统之一,它从语篇的角度审视人们如何把小句组织成一个完整有效的信息流,马丁把韩礼德小句层面的主述位概念提升到了语篇层,认为主位的本质是它在语篇发展中的贡献,是语篇节奏的体现。马丁认为,语篇层面同样存在着信息起始以及信息格律,语篇意义的发展就像一层层波浪逐渐推进,"一切都是从最小的波浪推至最大的波浪,也就是说格律是有等级的"(王振华,2007:10),这种等级体现在语篇中便形成了小句主位、语篇超主位(hyper theme)与宏观主位(macro theme)句型。

　　超主位类似于人们平常说的语篇的"主题句"(topic sentence)(Martin & Rose,2003:181)。宏观主位是语篇意义的前瞻与起点,能够预测语篇的下文。语篇意义围绕宏观主位展开,展开过程中语篇受到社会语境的影响会产生不同的推进节奏,在语篇段落中形成次一级的超主位,成为各式各样的信息格律,如下例②:

---

① 作为社会过程的法律语篇的概念语义、人际语义将在下一章研究。
② 本章按照马丁和罗斯(2003:185)的层级缩进法标示格律分析过程。

［例 1］ macro theme[4]

What about justice? ...

macro theme[3]

So is amnesty being given at the cost of justice being done? This is not a frivolous question, but a very serious issue, one which challenges the integrity of the entire Truth and Reconciliation process.

The Act required that where the office is a gross violation of human rights — defined as an abduction, killing, torture or severe ill-treatment — the application should be dealt with in a public hearing ...

macro theme[2]

The South Africa Broadcasting Corporation's radio team covering the Truth and Reconciliation Commission received a letter from a woman calling herself Helena ...

macro theme[1]

My story begins in my late teenage years as a farm girl in the Bethlehem district of Eastern Free State ...

hyper theme

After about three years with the special forces, our hell began. He became very quiet. Withdrawn ...

（Martin & Rose，2003：185）

汉语译文：

宏观主位[4]

司法正义是怎样的呢？……

宏观主位[3]

赦免要以正义为代价吗？这不是无足轻重,而是一个很严重的问题,它会挑战整个真相与和解进程的完整性。

法案规定,当政府当局有严重违反人权的行为——定义为绑架、谋杀、酷刑、严重虐待——该类申请的受理需要公开听证……

宏观主位[2]

南非无线广播公司播报了真相与和解委员会收到的一封来自

化名为海伦娜的女子的来信……

宏观主位[1]

我的故事开始于少年时期的后期，那时的我是东自由邦省伯利恒区的一个农场里的小女孩……

超主位

在这种特殊的力量持续了三年之后，我们地狱般的生活开始了。他变得很安静，沉默寡言……

例 1 选自曼德拉总统创立南非"真相与和解委员会"后，大主教德斯蒙德·图图（Desmond Tutu）所著《没有宽恕就没有未来》（*No Future without Forgiveness*）的第四章"正义是怎样的"（What about Justice?），通过层级缩进法可以清晰地看出整个语篇信息的展开如同波浪一层层推进：

4 级宏观主位为第四章的标题，提出全章核心问题：正义（justice）。

3 级宏观主位继续推进，细化 4 级宏观主位：正义是否是赦免的代价？

2 级宏观主位继续推进，细化 3 级宏观主位：答案可以从组委会收到的一封信说起。

1 级宏观主位继续推进，细化 2 级宏观主位：书信全文。

超主位是信息的最后一个波浪，语篇格律达到高潮："我们地狱般的生活开始了"（our hell began）。

需要指出的是，这里呈现的层级缩进的锯齿状效果仅是格律分析的结果，原文中是并不存在的。原始语篇内，除了 4 级宏观主位是作为标题外，其他宏观主位以及超主位均是作为自然段落呈现的。

这就引出了法律语篇尤其是立法语篇与普通语篇的第一个格律差别：立法语篇的信息波浪层级一般都很明显，且会通过"标题类目"（heading）"分界"（lining）（同上：196）等手段把其信息地位凸显出来，这也正是立法语篇最为显著的特点之一。如下例中对受害者（victim）的法律解释：

[**例 2**]（ⅩⅨ）*"victims" includes —*

　　(a) person who , individually or together with one or more persons , suffered harm in the form of physical or mental injury , emotional suffering , pecuniary loss or a substantial impairment of human rights —

（Ⅰ） *as a result of a gross violation of human rights*；or

（Ⅱ） *as a result of an act associated with a political objective for which amnesty has been granted*

（同上：198）

汉语译文：

（ⅩⅨ） 受害者包括——

（a） 个人，单独或与其他一个或更多人一起，遭受侵害，其形式包括身体或者心理伤害、情感伤害、财产损失或者重大的人权伤害——

（Ⅰ） 由严重的人权侵害造成；或者

（Ⅱ） 由与特赦政治目标有关的行为造成

（同上：198）

例 2 是"真相与和解委员会"通过的法案。可以看出，语篇通过"（a），（b），（c）…；（Ⅰ），（Ⅱ），（Ⅲ）…"等标题类目（heading）成分及句子之间根据信息地位进行的分行提示了其信息格律。需要注意的是，一般来说，立法语篇这种层级分明的信息格律不会被改写成普通语篇那样的信息形式，比如：

[例 3] *There are two kinds of victim. There are persons who, individually or together with one or more persons, suffered harm in the form of physical or mental injury, emotional suffering, pecuniary loss or a substantial impairment of human rights as a result of a gross violation of human rights. And there are those who suffered as a result of an act associated with a political objective for which amnesty has been granted.*

汉语译文：

受害者有两类。个人，单独或与其他一个或更多人一起，遭受了由严重的人权侵害导致的侵害，包括身体或者心理伤害、情感伤害、财产损失或者重大的人权伤害。或者个人遭受了由与特赦政治目标有关的行为造成的侵害。

对比例 2 与 3 发现,两者的人际语义相当,均由陈述语气小句构成,呈现信息;两者的概念语义也相当,均是对 victim 的内涵进行解释。但两者的谋篇语义却出入甚远,例 2 的信息格律展示清晰,一目了然,具备作为立法语篇的明确性和实用性特征。而例 3 的信息呈现方式是接近普通叙事文本的自然段落式,信息与信息之间没有使用任何标题类目和分界,一来增加了阅读难度系数,二来增加了信息理解时间,因此不适宜作为立法文本。

立法语篇与普通语篇的第二个格律差别体现在语篇层面的主位模式上。

主位—述位结构是谋篇语义研究的重要视角之一,它关注作为信息的小句(clause as message)是如何在上下文中出现和展开的。"主位是作为消息出发点的那个成分,定位上下文中的小句,确定小句的发展方向。"(Halliday & Matthiessen,2004:64)主位分有标记主位和无标记主位。下列情况中的主位均是无标记主位,主位之后的所有成分均是述位:

1) 陈述语气小句中,主语充当主位。

2) 选择疑问小句中,限定成分与主语充当主位。

3) 祈使语气小句中,谓语充当主位。

4) WH-疑问语气小句中,WH-功能成分充当主位。

除了有标记、无标记主位的区别之外,主位还可以根据其构成成分的复杂程度分为简单主位和多重主位。如果主位由两种或两种以上的语义成分充当,则称为多重主位,如下例中主位包含了谋篇、人际、概念三种主位:

[例4] *Well*, *but then*, *Ann*, *surely wouldn't the best idea be to join the group?*

      textual theme   interpersonal theme   conceptual theme

汉语译文:

哦,然而,安,加入小组是最好不过的主意了。

谋篇主位 人际主位   概念主位

主述位结构的实现形式与语类紧密相关,在对多种法律语篇进行考察之后,本研究发现:

(1)立法语篇倾向使用简单主位,口头法律语篇如交叉质询倾向使用多重主位。

立法语言具有严谨、公正的特点。一旦立法语言书面形式被确定为具有法律效力的制度性语篇后,社会可以平等、有效地参考和使用它,这就要求它具有高度的自治性和客观性。

　　谋篇主位的主要功能是通过接续词(如英语中的 oh、yes、no)、连词等词类使小句与上下文产生联系,而立法语篇的自治性要求它每个条款必须可以被独立地参照使用,如果立法语篇的小句之间大量使用谋篇主位联结,将会造成法条与法条之间产生语法联系,不利于法条的单独引用。因此,立法语篇中较少使用谋篇主位。

　　人际主位的主要功能是通过情态成分(如英语中的 certainly、frankly、obviously)等手段表达作者的人际态度与价值判断,是主观化意义。立法语篇具有普适性、客观性,是机构性的制度语篇,制作者必须完全在语篇中"隐去"其个人态度,因此立法语篇中不倾向使用人际主位。

　　立法语篇常用的主位形式是简单型概念主位,如下例:

　　　[例 5] 第四十六条　中华人民共和国公民有受教育的权利和义务。
　　　　　　　　　　　　概念主位
　　　　　　　　　　　　　　　　　　　　　　　　　《中华人民共和国宪法》

　　而在其他需要语言使用者积极表示其个人主观意义的法律语篇(如庭审交叉质询)时,谋篇主位与人际主位则被大量使用,如下例中两个句子均包含谋篇主位"而且、但是"(and、but)和人际主位"有些时候、很可能"(sometimes、probably),"而且、但是"(and、but)将句子与前后文进行联结,而"有些时候、很可能"(sometimes、probably)则是说话者的主观介入,表达了包含个人评价的人际意义:

　　　[例 6] *JUSTICE KAGAN*: *And sometimes there are those bad actors, but probably more often it's just a function of there are just lots of people, and they, your clients and all of …*
　　　　　　(McCullen v. Coakley, 12 - 1168; U.S.A., 2014/01/05, p.8)
　　　汉语译文:
　　　法官卡根: 而且有些时候存在一些差劲的行为者,但是很可能只是常常用来表现正好那里有很多人,而他们,你的客户和所有的⋯⋯

　　And 实现篇内连接,是前文的接续;but 是句内连接,是前件小句意义的转折,其功能是反预期。And 纯属谋篇意义,表示逻辑上的合取;but 除有谋篇意义外还有人际意义（即让读者的期望落空）。另外，前件小句中的 sometimes 和后件小句中 probably 都说明语言使用者的不确定性，给读者预留了对话的空间（预留对话空间在评价理论上也是人际意义）。Sometimes 折射出说话者在经常性上的不确定；probably 折射出说话者在或然性方面的不确定；二者都含有人际意义。

（2）立法语篇倾向使用无标记主位，口头法律语篇如交叉质询倾向使用标记主位。

主位之所以区分有标记性和无标记性，是因为系统功能语言学认为，语言是一个"盖然"（probabilistic）系统，其系统选项之间存在"经常性"（usuality）的差异（Halliday & Matthiessen，2004：X）。人们在社会语境变量的影响下，会倾向于重复选择某些选项（这也正是为什么不同类型的语篇有不同语言特征的原因）。

正如其名称所示，无标记主位是盖然率较高的信息起点，而有标记主位则说明信息发出者放弃了默认选项，有意使用了其他选项，这种"故意而为"的做法往往预示着语篇阶段的转换或作者的某些意图，会"导致语篇的断续性（discontinuity）"（Martin，2003：11）。而立法语篇受其逻辑性和客观性的制约，往往尽量使用统一稳定的陈述模式，因此其中多见无标记主位，如下例中的主位均是有助于充当主语的无标记主位：

[例7] 第十六条　人民调解委员会是在基层人民政府和基层人民法院指导下，调解民间纠纷的群众性组织。

人民调解委员会依照法律规定，根据自愿原则进行调解，当事人对调解达成的协议应当履行；不愿调解、调解不成或者反悔的，可以向人民法院起诉。

人民调解委员会调解民间纠纷，如有违背法律的，人民法院应当予以纠正。

《中华人民共和国民事诉讼法》

而在某些需要使用者表达主观意图的法律语篇中，如交叉质询，则可常见一些有标记主位，如在下例中，出现了附加语"更多时候"，形成了有标记主位。这个有标记主位更改了小句信息的默认出发点，表达了作者的强调意图，其深层原因是说话者对信息的主观介入与操纵：

　　[**例 8**] *JUSTICE KAGAN：And sometimes there are those bad actors，but probably <u>more often</u> it's just a function of there are just lots of people，and they，your clients and all of ...*

（McCullen v. Coakley，12 - 1168，U.S.A，2014/01/05，p.8）

汉语译文：

　　法官卡根：而且有些时候存在一些差劲的行为者，但是很可能只是<u>常常</u>用来表现正好那里有很多人，而他们，你的客户和所有的……

　　综上可以发现，法律语篇的主位结构呈现出立法语篇追求形式化、简约化的特点，而司法语篇尤其是交叉质询等口头语篇追求复杂化、主观化的特点。这是由不同类型的法律语篇实现不同类型的社会过程决定的。立法语篇是国家强制要求社会成员同立法者进行"顺应"和"合作"的过程，这一强制过程显然越简单、越清晰越好，一来避免繁杂的语篇结构产生歧义，二来避免部分文化程度低的社会成员产生理解障碍。而以交叉质询为代表的口头司法语篇更多地实现法律主体"竞争"或"冲突"的社会过程，其中充满了个人评判与利益攻击，复杂化的主位结构可以帮助语篇使用者拥有更多的论辩技巧与表达优势，以便增加己方主体在"竞争"或"冲突"过程中的胜算。

　　研究表明，从头至尾只采取一种主位模式向前推进的语篇虽然存在，但为数较少。大多数语篇的推进会呈现出错综复杂的主位使用方式。然而就法律语篇尤其是立法语篇来说，因其叙述目的单一，叙述功能是使语篇成为机构性的制度语篇，因此语篇生产者不以创作出华丽浩繁的格律效果为追求，所以立法语篇的主位推进模式往往比较简单，倾向于以同一类型主位为主，如例 9、例 10：

　　[**例 9**] 第六十二条　<u>犯罪分子</u>具有本法规定的从重处罚、从轻处罚情节的，应当在法定刑的限度以内判处刑罚。

　　第六十三条　<u>犯罪分子</u>具有本法规定的减轻处罚情节的，应当在法定刑以下判处刑罚；本法规定有数个量刑幅度的，应当在法定量刑幅度的下一个量刑幅度内判处刑罚。

　　<u>犯罪分子</u>虽然不具有本法规定的减轻处罚情节，但是根据案件的特殊情况，经最高人民法院核准，也可以在法定刑以下判处刑罚。

《中华人民共和国刑法》

[**例 10**] 第四十二条　<u>企业法人</u>应当在核准登记的经营范围内从事经营。

第四十三条　<u>企业法人</u>对它的法定代表人和其他工作人员的经营活动，承担民事责任。

第四十四条　<u>企业法人</u>分立、合并或者有其他重要事项变更，应当向登记机关办理登记并公告。

《中华人民共和国民法》

综上，法律语篇的信息格律呈现出立法语篇追求形式化、简约化的特点，这个特点极好地实现了国家强制社会成员"顺应"和"合作"的社会过程。信息呈现的格律越简单、越清晰，理解起来越容易，对社会成员的文化程度要求越低。因此，这样的信息呈现方式对于希望达到强制"顺应"或"合作"目标的国家来说，无疑是最佳策略。

3.3.3　法律语篇的识别系统

识别系统也是由谋篇语义组织的语篇系统之一，它与信息的已知性有关，识别语篇中的参与者，以及具体的、抽象的人和物。识别资源主要可分为两类，一类是入篇资源（introducing resources），通过呈现性指称（presenting reference），将人或物引入语篇；另一类是追踪资源（tracking resources），通过认定性指称（presuming reference）来追踪语篇中的人或物。总的来说，它们的功能是帮助语篇消费者明确一个信息指的是谁或是什么。在英语中，呈现性指称主要包括不定冠词（a, an）、不定代词（one, some, every, all …）和专有名词。认定性指称主要包括定冠词（the）、指示代词（this, that …）、人称代词（I, you，he, she, it, they …）等等。

识别系统的核心范畴是语篇在发展过程中形成的指称照应链（reference chain），包括内指（endophora）、外指（exophora）、回指（anaphora）、下指（cataphora）、独指（homophora）、重指（esphora）等，它们在人们使用语篇进行交际、完成社会活动的过程中必不可少，起着极为重要的作用，如下面一段对话：

[**例 11a**] A：我刚才碰见<u>小王</u>了，<u>他</u>说<u>他</u>买了台新电脑。

B：<u>他</u>从哪来的钱？上周<u>他</u>还向我哭穷呢！

[**例 11b**] *A：我刚才碰见<u>小王</u>了，<u>小王</u>说<u>小王</u>买了台新电脑。

B：小王从哪来的钱？上周小王还向我哭穷呢！

例 11a 是一个很连贯的指称使用，说话者 A 首先使用呈现性资源的独指成分，即专有名词"小王"，将一个情景外人物引入到语篇，然后使用认定性指称，即两个回指成分"他"来指代"小王"，听话人 B 则在 A 建立的独指基础上，直接顺势使用了两个回指成分"他"进行回答。整个对话清晰流畅，双方一共使用了一次独指、四次回指，通过信息的已知性搭建了一个照应链，语篇显得简洁、易读。而例 11b 的指称使用则令人无法接受，双方的 5 次指称全部是专有名词独指，已知信息之间没有呼应、缺乏联系，尽管就概念意义来说，全部使用独指成分可以确保指称对象的准确性，但这种信息之间的断节使语篇显得十分生硬，因此日常生活中人们很少产出这样的语篇。

具体到法律语篇，尤其是立法语篇来说，准确性、严谨性是其最重要的目标之一。如果其信息解读出现偏差，对一个国家、一个社会来说可能就是灾难，因此法律语篇的识别系统呈现出了特殊特点：与普通语篇倾向于使用回指不同，立法语篇倾向于使用独指。

为简洁、快速地完成交际，普通语篇一般只在初次引入人或物时使用独指，然后便会以一系列回指构建起信息间的联系，但回指本质上是一种内指，即通过一个语言单位指称语篇内部的另一个单位（如上例中"他"等于"小王"）；而独指是一种外指，即通过一个单位指称存在于语篇外部的一个概念（即现实世界中的人或物）。因此，回指与独指的最大不同在于：独指的对象是准确的、自足的，不依赖其他语言单位，而回指则必须依赖其他语言单位，这种依赖关系一旦丢失，信息源就会无法追踪，产生语义不明或歧义。因此，立法语篇倾向于使用独指，确保信息的精确与自足，如下例：

[例 12] 第八十九条　公安机关办理治安案件，对与案件有关的需要作为证据的物品，可以扣押；对被侵害人或者善意第三人合法占有的财产，不得扣押，应当予以登记。对与案件无关的物品，不得扣押。

对扣押的物品，应当会同在场见证人和被扣押物品持有人查点清楚，当场开列清单一式二份，由调查人员、见证人和持有人签名或者盖章，一份交给持有人，另一份附卷备查。

对扣押的物品，应当妥善保管，不得挪作他用；对不宜长期保存的物品，按照有关规定处理。经查明与案件无关的，应当及时退还；经核实属于他人合法财产的，应当登记后立即退还；满 6 个月无人对该财产主张权利或者无法查清权利人的,应当公开拍卖或者按照国家有关规定处理,所得款项上缴国库。

《中华人民共和国治安管理处罚法》

上例中涉及对一些物品的指称,"扣押的物品"是作为一个独指成分存在,在其后两次提及时,语篇并没有使用任何内指手段,而是坚持使用独指,这就保证了信息不会丢失,而如果把这个条款改为:

"对扣押的物品,应当会同在场见证人和其持有人查点清楚,当场开列清单一式二份,由调查人员、见证人和持有人签名或者盖章,一份交给持有人,另一份附卷备查。对这些物品,应当妥善保管,不得挪作他用"

此时语篇增加两个内指成分"其""这些物品",就可能会在某些情况下被人断章取义,询问"这些物品"究竟指的是什么物品,而对这种问题的主观解读则必定会影响法律的公正与客观。

综上可以发现,法律语篇尤其是立法语篇的信息指称与识别始终坚持以信息的精准性为第一要务。同主位结构和信息格律一样,这也是为了法律语篇可以更好地为实现各类社会过程而服务的。就立法语篇实现的强制"合作"过程来说,信息的识别精准度越高,"合作"过程中出现差错的可能性就越小,"合作"过程会更加顺利,这对于整个国家法律系统的正常运转无疑是具有重要价值的。

3.4 结　语

正如韩礼德(Halliday, 2011: 141)所言,"过去几十年来,人们愈来愈清楚地意识到语言是有力量的"。与日常生活中的普通语篇相比,法律语篇的力量可谓更强大、更广泛,它作为社会成员进行"竞争""冲突""顺应""合作"和"同化"五种社会过程的实现载体,直接决定了国家与社会成员、社会成员彼此之间的生存环境与状态。

正因如此,在社会语境下探索法律语篇与社会过程的实现关系显得尤其重要。本章在系统功能语言学的理论框架下考察了谋篇语义维度的信息格律和识别系统如何服务于不同类型的社会过程等方面。总的来说,作为消息与信息的法律语篇呈现出立法语篇追求形式化、简约化,司法语篇尤其是交叉质询等口头语篇追求复杂化、主观化的特点。这些特点与不同类型的法律语篇实现的不同类型社会过程目标紧密相关,当语类主体是强制要求"合作"的国家时,其目标是最大化地降低语篇理解成本、最大化地提高语篇传播速率,而当语类主体是彼此产生"竞争"或"冲突"的社会成员时,其目标是最大化地扩张己方利益、压缩对方利益。

　　本章虽分析了法律语篇谋篇语义维度的语义系统特征,但作为社会过程的实现,其语义功能的复杂性、信息属性的多样性决定了这些探索还远远不够,对法律语言学者来说,法律语篇的谋篇语义、概念语义、人际语义与五种社会过程的实现关系是一个崭新且极其重要的研究课题,有待学界同仁深入研究。

第二部分

理论顶天之适用视角撷华

　　从不同角度出发研究司法话语和法律语篇都可以实现适用语言学视域下理论与应用的有机结合。本书第二部分从不同理论框架和视角出发，介绍和分析研究司法话语的不同角度和侧重。第4章和第5章着重讨论法律语篇的人际功能，通过对实际语料的细致分析，探究法律语篇如何由认知主体实现个体识解态度过程并建构人际关系。第6章运用拓扑视角，在考虑态度意义的不确定性及态度范畴化动态性的同时，考察态度范畴化和态度次级范畴边界等问题，让态度系统更加适用于实证分析。第7章则谈及从多模态视角研究司法话语的重要性，解析司法话语的多模态属性，考察目前在司法话语领域的多模态研究进展，并提出未来值得重视的研究方向。

第4章
作为社会过程的法律语篇及其人际语义的实现

4.1 引 言

法律语篇分析是法律语言学研究和应用的重要领域之一（Coulthard & Johnson，2010）。语言学的原理、理论、研究方法等是法律语言学或司法语言学研究的柱石（王振华，2012）。目前，国内学者较多利用评价系统研究警察话语（如袁传有，2008）、判决书（如张琛权，2007）、辩护词（如张丽萍，2007）、法庭辩论（如潘小钰，2008）、公诉词（如袁传有，2012）等语篇和语类，但鲜有将法律语篇作为社会过程做出阐释的。

笔者将法律语篇视为社会语境下实现社会过程的语言类型；在系统功能语言学理论的指导下，将语法层的语气系统（mood system）、语篇层的评价系统（appraisal system）、协商系统（negotiation system）作为分析法律语篇人际语义的三个系统，探索作为社会过程的法律语篇中的五个过程：竞争、冲突、顺应、合作和同化（Cooley，1966；王振华、田华静，2017），及其在法律语篇中实现的规律。本章所选30篇语料分别为书面语法规、书面式口语律师代理词，以及口语庭审语篇。

4.2 语言、语篇与社会过程

弗尔迪南·德·索绪尔（Ferdinand de Saussure）把符号看作"所指"和"能指"的结合。这个观点的重要含义是意义与符号之间关系的关联性，即"值"

(*valeur*)。丹麦语言学家叶尔姆斯列夫发展了索绪尔的观点,将所指和能指分别称作"内容实体"和"表达实体",指出符号既是内容实体的符号,又是表达实体的符号。叶尔姆斯列夫将这一系列复杂的关系用"层面"(plane)表示。系统功能语言学继承了叶尔姆斯列夫语言观,将其称为"层次"(stratum),即内容形式和表达形式,且进一步指出内容层面本身也含有层次。马丁强调语言学研究的是系统网络关系(参见 Martin, 2013:4-6),如图4-1所示。

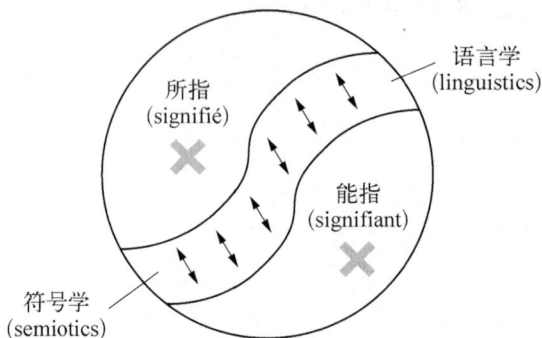

图4-1　语言网络系统(Martin, 2013:6)

图4-1中连接"所指"和"能指"的那条线是指各种复杂的关系。这些复杂关系本质上是无形的,不能被感知,但从符号的意义上讲,却是真实存在的。它们虽不是物质,但至关重要,是一种附生性关系(Martin, 2013:5)。巴赫金(1998,317)认为自然界中没有任何一个现象有"意义",只有符号才有意义。语言不是科学,不是艺术,不是世界观,但是它使得所有这些成为可能(巴赫金 1998,269)。科学世界观、流派、观点、意见,总须言语表达,赤裸裸的思想是不存在的。思想在情感交际和思想交流过程中产生。思想形态的所有领域都使用语言,只是用法不同。只要有语言的地方,就有思想。在一个社会,人们所见的不是思想,而是思想的交流,不是言语表达,而是对话互动。语言和与之相关的思维,在言语交际链上成为话语和世界观的内容。语言作为一个层次化的符号系统,是社会语境的表达形式。马丁将巴赫金的理论表述为"意义"(sense)与"言语"(sensibility),如图4-2所示:

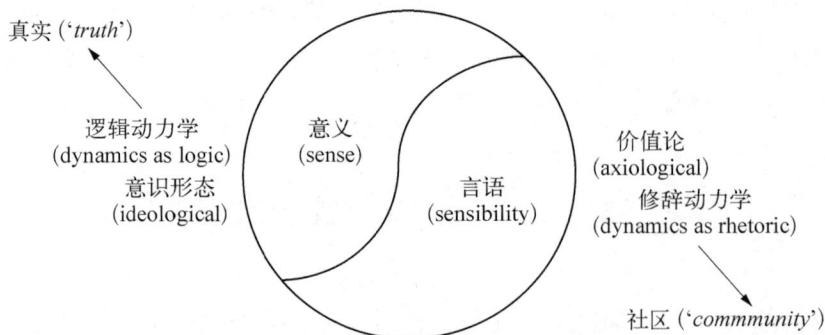

图4-2　绑定——活动中的价值输入(Martin & White, 2005/2008:212)

马丁（Martin，2004）认为"意义"与"言语"犹如语篇的阴与阳。"社会语境和语言这两个部分的关系是一种附生关系，即社会语境附生于语言之上，由语言实现。也就是说，语言是原生物（subvenient），社会语境是附生物（supervenient）。社会语境传递的意义高于语言传递的意义，具有高度概括性。语言传递的意义使社会语境意义具体化。"（王振华、田华静，2017）社会语境抽象化的结果是一个语言和语境附生模型，在这一模型中语境为一个抽象的内涵性社会意义系统，由语言这个外延性符号系统来实现。

语篇作为语言的意义单位，是一种社会过程，承载着语言使用者的目的（Martin，2013；Martin & Rose，2008）。韩礼德（1978/2001）指出语言（language）严格地说应该是语言过程（languaging），旨在强调其存在于人类的相互交往过程中。语篇本身是一种社会活动，是语言使用者和变化着的社会语境之间的一种互动（朱永生、严世清，2011：12）。"语言使用者（包括个人、团体、政党、阶级、宗教、民族、国家）在语言交流过程中实现其意图。在实现意图的过程中，将发生不同程度的竞争、冲突、顺应、合作或同化。"（王振华、田华静，2017）语篇作为语言的意义单位，所呈现的这些动态关系就是社会过程。法律语篇亦是语篇，是在预制的地点，按照预制的程式，由具有不同目的言语者主动或被动参与，为取得某种利益而进行的社会活动过程。法律不是静态的，它是动态地适用着、发展着的过程（倪正茂，1996：182）。法律并无物质实体，只能依靠语言实现。

韩礼德的系统功能语法认为一个小句中同时具有谋篇、概念和人际等三种元功能。马丁继承了韩礼德的三大元功能思想，认为超越小句的大语篇同样具有这三大元功能生成的意义。马丁认为不同语法结构实现的相同的语义内涵无法在功能语法中得以概括，如果语言理论只承认小句为最大语言单位，就没法解释语篇模式。他继而建构了语篇语义系统，其中，人际语义系统包括评价系统、协商系统。本章从语法层的语气系统，语篇层的评价系统、协商系统作为切入点分析法律语篇的人际意义，探索其如何体现社会过程。根据研究需要，在韩礼德的人际元功能理论指导下，基于马丁的语类与语篇语义学理论，从语气系统、评价系统、协商系统分析语篇，建立如下分析框架：

该框架以法律语篇为研究对象。作为语篇生产者的立法、司法和执法机构，以及法律诉讼的主体，在整个法律社会活动中生产出或书面或口头的法律语篇。这些法律语篇呈现出的人际意义在词汇语法层、语篇语义层上如何体现竞争、冲突、顺应、合作和同化是本章的研究重点。我们认为，在法律语篇中，由于社会目的不同，对体现人际意义的语气系统资源、评价系统资源、协商系统资源的选择也不尽相同。进而,不同类型的法律语篇,在整个交叉互动的社会过程中凸显的社会过程也会有所不同。

图 4‑3　分析框架 (基于王振华、田华静,2017)

4.3　人际语义与法律语篇中的社会过程

4.3.1　法律语篇的语气系统

语气系统是系统功能语言学在语法层上分析言语者人际意义的系统。韩礼德和麦蒂森(Halliday & Mattheissen, 2004/2008：135)进一步完善了韩礼德(1985/1994)在人际元功能理论方面的研究,建立了一个完整的语气系统网络图。语气系统主要包括语气(mood)和情态(modality)。语气主要是语气成分和剩余成分构成,而语气成分是通过主语(subject)和限定成分(finite)来体现。情态是由情态化系统和意态化系统构成。下文将分析立法语篇中的情态与语气系统,探讨立法语篇如何体现同化与合作的社会过程。

4.3.1.1　法律语篇的情态系统分析

情态系统是位于肯定和否定两极之间的一个连续体(Halliday & Mattheissen, 2004/2008)。汉语词汇的情态语气意义主要体现在能愿动词、语气附加词、评论附加词等方面。汉语的能愿动词也叫情态动词,在语义上与英语的情态动词相当,有高中低三级量值,例如,"应""应当""必须"等是表示必要意义的高量值动词;"可""可以""能""能够"等是表示可能意义的低量值动词(彭宣维,2000)。我们选取了 10 篇立法法规语篇作为语料研究语篇中的情态动词。分析表明:高量值情态动词中,"应当"出现的频次最高。(如《民法》中出现 72 次)低量值情态动词中,"可以"出现的频次最高。(如《刑法》中出现 53 次)

"必须"与"应当"均为表示义务与职责的高量情态词。"必须"是含有更为强烈命令语气的情态动词。如《民法》中,第六条规定,民事活动必须遵守法律,法律没有规定的,应当遵守国家政策。"民事活动必须遵守法律"表明立法机关具有绝对的权威,该行为规范适用于全体社会成员,具有广泛的适用性。除了法律之外,立法者对于原则与政策等其他方面都选择了情态系统连续体上"应当"。使用"应当"这个情态动词,既体现了立法机关对法律主体的责任与义务的规定,表达了应该的态度;同时,也降低使用将矛盾扩大化的话语,体现了国家权力机构的同化社会过程。

"可以"与"需要"均为低量值情态动词。与"可以"相比,"需要"表示必须有,更加强调责任,而立法者对"可以"的较多选择,表示许可、能够,体现了立法机关对法律主体在社会过程中合作的鼓励与引导,对矛盾的调适与缓解,继而体现了其同化的社会过程。

同化是代表不同的个人或团体,融合而成同质的组织的行为过程,是一种融合类社会过程。"人类社会和人类生活尽管存在竞争和冲突,但是同化是维系社会整体性的主流之一。"(王振华、田华静,2017)"应当"虽不同于"必须"的不容协商的强烈语气,但仍是一种高量值的情态动词,表达了立法机构调节不同的个人或团体关系,融合为整个机构价值,体现了国家的权力意志,这种机构价值可影响并改变个体价值。"应当"与"可以"是描述社会化中"人—从—众"的演变过程(朱永生,2012)。立法机关通过直接利用语言建构的法律这一手段,维系社会整体性,个人或团体相互配合,使整个社会融合成具有同心力的组织。立法权力是立法语篇中所蕴含的影响力,它是一种对国家权力进行支配和控制的物质性力量,内在地体现于立法语篇并向整个社会过程扩散着权力的影响。立法者在情态系统的选择与定位,可以体现立法者对社会过程的认知与解读。我们认为在立法这一过程中,语篇体现了同化的社会过程。

4.3.1.2　法律语篇的语气分析

语气中的主语并非是一个纯粹的形式特征,而是一个意义特征(Halliday & Mattheissen,2004/2008)。主语能提供除它自身以外的信息,可形成一则命题或提议,即主语是命题或提议能够被肯定或否定的某种参照。相关命题的成功或失败可以在主语中找到观察的依据。主语是使信息获得有效性的前提与基础。立法语篇的主语是法律社会过程的主体,体现着作为社会思想的真实而具体的存在。立法机构的向心力意图必然凸显语篇中主体合作的社会过程。我们以 2013 年修订的立法语篇《中华人民共和国老年人权益保障法》(以下简称《老年法》)为研究对象,具体考察立法语篇的语气系统如何体现社会过

程。我们对语料的语气模块中的主语,即法律主体进行了分析,结果如图 4 - 4
所示:

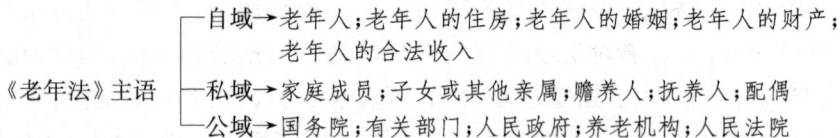

```
                  ┌─ 自域→老年人;老年人的住房;老年人的婚姻;老年人的财产;
                  │     老年人的合法收入
《老年法》主语  ─┤─ 私域→家庭成员;子女或其他亲属;赡养人;抚养人;配偶
                  └─ 公域→国务院;有关部门;人民政府;养老机构;人民法院
```

图 4 - 4 《中华人民共和国老年人权益保障法》主语系统

《老年法》语篇中,小句的主语作为命题或提议能够被肯定或否定的某种
参照与对象,同时也是法律的主体及主体的权利与义务。以老年人及其权利
与义务为同切圆切点的初始位置,小句的主语可划分为三个层次——自域、私
域、公域。在自域范围内,语篇的主语体现为:老年人,老年人的住房、婚姻自
由、财产、合法收入等。例如:

第三条　**老年人**有从国家和社会获得物质帮助的权利,有享受社会
服务和社会优待的权利,有参与社会发展和共享发展成果的权利。

第十六条　**老年人自有的住房**,赡养人有维修的义务。

第二十一条　**老年人的婚姻自由**受法律保护。子女或者其他亲属不
得干预老年人离婚、再婚及婚后的生活。

通过上述的语气成分,语篇体现了这个域的基础是老年人的"原子核"式
自我生活空间,如质子和中子的相互依存共生,使老年人物质性的"生理—心
理"自域活动得以体现。老年人作为一个生命体必须有身体的边界、边界内部
复制自身的能力,以及边界内部与外部之间的能量交换。这些作为生命体
(人)的基本权利在自域空间内得以体现。

在私域范围内,语篇的主语体现为家庭成员、赡养人、抚养人、子女或其他
亲属、配偶。例如:

第十八条　**家庭成员**应当关心老年人的精神需求,不得忽视、冷落老
年人。**与老年人分开居住的家庭成员**,应当经常看望或者问候老年人。

第十九条　**赡养人**不得以放弃继承权或者其他理由,拒绝履行赡养
义务。

第二十二条　**子女或者其他亲属**不得干涉,不得以窃取、骗取、强行
索取等方式侵犯老年人的财产权益。

通过上述的语气成分,语篇体现了这个域的基础是老年人的"原子"式宗族生活空间,如原子核与电子的围绕与旋转,使老年人宗亲性的"物理—生理—心理"私域活动得以体现。

在公域范围内,语篇的主语体现为国家、国务院、地方各级人民政府、有关部门、养老机构、人民法院、公共事业等法律主体。例如:

第三条　**国家**保障老年人依法享有的权益。

第六条　**国务院**制定国家老龄事业发展规划。

第四十条　**地方各级人民政府和有关部门**应当按照老年人口比例及分布情况,将养老服务设施建设纳入城乡规划和土地利用总体规划,统筹安排养老服务设施建设用地及所需物资。

通过上述的语气成分,语篇体现了这个域的基础是老年人的"分子"式群体生活空间,如原子与原子的排列与组合,使老年人群体性的"物理—生理—心理"公域活动得以体现。在这一过程中,社会化与个体化过程相辅相成,从老年人的社会属性反映了他们的个体属性。立法语篇也体现了社会化"众—从—人"的演变过程(朱永生,2012)。整个语篇在自域、私域、公域之内,域与域之间均体现着社会过程的合作。合作是相互配合以实现共同目标的行为过程,是一种融合类社会过程。人类社会和人类生活尽管存在竞争和冲突,但是合作是维系社会整体性的主流之一(王振华、田华静,2017)。立法语篇的主语是法律社会过程的主体及主体的权利与义务,体现着其作为社会思想的真实而具体的存在。立法机构的向心力意图必然凸显了合作的社会过程。正是合作这种社会过程使得法律主体的各方利益得到权衡,进而实现了社会和谐的共同目标。

4.3.2　法律语篇的评价系统

4.3.2.1　评价系统

评价系统是系统功能语言学在语篇层上分析言语者人际语义的系统。评价系统(Martin,2000)是赋值理论,关系到文本中磋商的态度种类、投入的情感力度、价值溯源方法,以及说服读者的方法。评价系统包括三大次系统:介入(engagement)、态度(attitude)、级差(graduation)。它们又分别次系统化。态度次系统化为情感(affect)、判断(judgement)和鉴赏(appreciation);介入次系统化为自言(monogloss)和借言(heterogloss);级差次系统化为语势(force)

和聚焦(focus)。马丁和怀特(Martin & White，2005)又将介入系统再次系统化为对话压缩(dialogic contraction)和对话扩展(dialogic expansion)。对话扩展是对话人在表述的同时，开启对话空间允许其他观点的存在，分为包容(entertain)和归属(attribute)。归属包括对外部声音的承认(acknowledge)，及不为外部声音承担责任的疏远(distance)。对话压缩是对话人在表述时，通过否认(disclaim)和公告(proclaim)关闭对话空间，从而拒绝对话人的观点。否认包括否定(deny)和反预期(counter)。下节分析司法语篇中律师代理词的评价子系统介入系统，探讨法律语篇如何体现顺应的社会过程。

4.3.2.2　法律语篇评价子系统分析

律师代理词作为一个司法文类，兼具书面和口语法律语篇的基本特征。鉴于律师的特殊身份，既不代表正义也不代表邪恶，而是通过参与司法活动的整体过程去实现并体现正义。简言之，律师以依法维护委托人合法权益的方式去实现维护正义或真理的目标。律师的活动发生于法律评价形成之前，他不能以个人评价取代法律评价，更不能做出损害委托人利益的行为。巴赫金(1998：99)在论述对话性时指出，言语者有可能在语言方面没有独立的存在，有可能把自己的意向从一个语言体系转到另一个语言体系上，把"真理的语言"同"生活的语言"结合起来，用他人的语言讲"自己的意思"，用自己的语言表达"他人的意思"。我们认为分析律师的言语，能很好地呈现这类通过选择介入系统实现"你"到"我"的顺应社会过程。顺应是为了生存或与他人和平相处而调节自己适应社会环境的行为过程，是一种融合类社会过程。顺应是维系社会整体性的主流之一(王振华、田华静，2017)。律师动态地选择介入资源，像讲述别人一样讲述自己。在这一过程中，律师为了构筑自己的形象，既从自己内心出发，又从他人的视角出发，借已有之言、已知之见、已明之理，共时顺应内部的"心理世界"和外部的"社交世界"(Verschueren，2000)。

我们选取《中国大律师辩护词代理词精选》(田文昌，2013)中的5篇代理词作为语料进行评价子系统介入系统的分析。纵观语料中介入资源的使用，对话压缩资源占72.81%，对话扩展资源占27.19%。同时，对话压缩中的否定和反预期，对话扩展中的包容和承认资源较多。下文就结合实例分析，探索介入资源的使用，以及法律语篇如何体现顺应的社会过程。

1) 对话压缩资源——否定和反预期

引用他人言语的同时以拒绝他人的观点为前提。反预期体现在命题的前后不一致与矛盾性(Martin & White，2005：118 - 121)。我们的语料表明，在律师的代理词中，否认资源运用最多，占压缩资源的50%。这是顺应社会过程的体现。我们认为律师为了顺应自己内心世界中"我",即与被代理人统一体的要求,会尽可能地利用否认资源指出对方诉讼主体不当、事实不真、证据不实、程序不妥等。例如:

　　[例1] 被上诉人与大连溢源投资有限公司**没有**任何往来关系,**不存在**向溢源公司付款的可能性。
　　[例2] 我们的委托人**不是**合同的当事人,对本合同而言,**不享有**任何权利……
　　[例3] 在本案发生期间施德玲**虽然**参与了几家公司之间的购销活动,**但**其既无公司的授权,又没有以公司的名义从中协调,**而**完全是以个人名义参与其中帮忙……

　　以上例1、例2运用了否定资源,例3运用了反预期资源。律师利用语言而不把自己完全交付给这个语言,他可以允许语言的一半是他人的,然后否认迫使语言最终仍服务于他自己的意向。这顺应了其作为代理人的"我"方心理世界,反驳相关证据,收缩对话空间,尽可能限制对方观点存在的合理性和可能性。上述例证中,律师通过否定法律事实的不存在,法律主体不正确,法律主体的个人性行为不代表法人的行为等,有力反驳了对方的观点,利用这些对话压缩资源,有利于律师引起听者的注意,于无形中说服听者同意自己的观点与立场。
　　2) 对话扩展资源——包容和承认
　　包容是指文本的声音暗示其定位只是多种可能的定位之一,从而在不同程度上为这些可能性开启了对话的空间。承认是指通过将命题表述为某个外部声音的看法,以中立的立场引用他人的观点(Martin & White, 2005：104 - 112)。我们的语料表明,在律师的代理词中,较多运用包容、承认资源,占扩展资源的86.44%。这是律师为了顺应外部社交世界中"我"的体现。在庭审中,由于话语权力的关系,律师只能发表代理意见,为审判提供建议,而最终做出裁决的是审判员,所以律师会尽可能地利用包容和承认资源提出诉求,表示对审判员、合议庭、仲裁委员会的尊重。例如:

　　[例4] **代理人认为**,上诉人的这一上诉理由是不符合事实的。
　　[例5] 法律**应**保护无过错或只有过失的当事人的利益不因合同无效而受到损害,同时要强制有过错或只有故意的当事人承担对其不利的法

律后果。

[例 6]《刑事诉讼法》第 85 条第 2 款规定：接受控告、举报的工作人员，应当向控告人、举报人说明诬告应负的法律责任。

上述例 4、例 5 运用了包容资源，例 6 运用了承认资源。律师使用"代理人认为""应""根据……规定"来修饰陈述，表明所述内容为自己的推断，避免造成把自己观点强加于人的感觉。律师使用似乎不是他自己的、拉开距离的语言。语言好像是通过离开他的唇舌，变得更为真实、客观化。这体现了代理人对外部社交世界的顺应过程，通过援引法条从中立的、客观的论述去接近对象，可以使律师的推断显得更加有理有据。

4.3.3　法律语篇的协商系统

4.3.3.1　协商系统

协商系统是系统功能语言学在语篇层上分析言语者人际语义的系统（Martin，1992/2004；Matin & Rose，2003/2007）。该系统将对话语篇分析从词汇-语法小句层上升到语篇语义层，继而再构建社会语境下权力关系（power）与亲疏关系（solidarity）这两个核心语旨（tenor）。（Martin & White，2005）协商系统旨在研究对话的话目（act）、话步（move）、话轮（exchange）。马丁和罗斯（Martin & Rose，2007）基于马丁（1992）的研究，构建了对话语篇的言语功能网络。马丁和罗斯（Martin & Rose，2007：237）指出，话轮是包括一个必要话步（obligatory move）的言语序列。与信息命题协商相关主要知者（knower）的核心话步叫做知 1（K1）。与物品/服务提议协商相关的主要行动者（actor）叫做行 1（A1）。整个话轮级阶系统被称为协商系统（Martin & Rose，2007：254）。系统网络的话轮结构体现为：

$$[(dA1)\char`\^A2)\char`\^A1\char`\^(A2f\char`\^(A1f)]$$
$$[(dK1)\char`\^K2)\char`\^K1\char`\^(K2f\char`\^(K1f)]$$

这里的 d（delay）指的是期待必备核心话步行 1/知 1 的一种延迟，f（follow up）指的是行 1/知 1 或者行 2/知 2（次要行动者/次要知者）的后续话步。对话语篇正是通过这样的话轮转换、话轮转换复合体来实现人际语义的。

4.3.3.2　法律语篇协商系统分析

庭审语篇作为司法口语文类，具有对话语篇的基本特征。庭审语篇协商系统中话轮、话步、话目有机地构建了言语者的"分—合"矛盾统一体，并使社会过程中的权力关系和亲疏关系得以体现。矛盾统一体中凸显体现为"分"，即竞争与冲突的社会过程。若无"分"之概念，则无法庭纷争调节之必要。竞争是为实现同一目标或达到一定的目的而展开的相互超越对方的行为过程。冲突是在双方利益或价值观念对立的基础上产生的不和谐、敌对或仇视的行为过程，竞争和冲突是分化类社会过程。（王振华、田华静，2017）庭审语篇中的互动是在一对一互动基础上的交叉互动（余素青，2010），体现了冲突、竞争、顺应、合作和同化的动态过程。庭审语篇中包括各种社会互动，下文就语料具体分析，庭审语篇如何在融合类社会过程中凸显竞争与冲突的分化类社会过程。我们的研究语料为 15 篇民事庭审语篇，均来自中国法院网的庭审直播。根据马丁和罗斯的人际语义协商系统，我们对语料进行分析后发现庭审语篇呈现出"三明治"结构，如图 4-5：

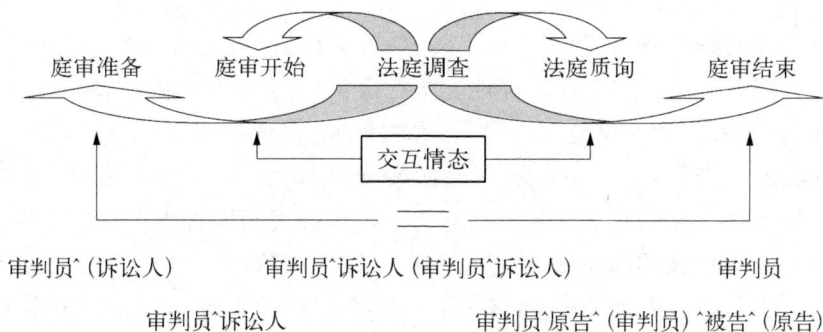

图 4-5　庭审语篇"三明治"结构

语料表明整个庭审话语由 5 个语篇阶（stage）实现，每个阶段由不等的语篇相（phase）实现，语篇相是话轮复合体（exchange complexing）的体现。庭审准备阶由书记员宣布法庭纪律和核实诉讼当事人身份 2 个语篇相构成。庭审开始阶由审判员宣布法庭开庭、审判员宣布当事人诉讼权利与义务、询问回避 3 个语篇相构成。法庭调查阶由原告请求、被告答辩、原/被告举证 3 个语篇相构成。庭审准备阶与庭审结束阶相呼应，审判员作为 K1 开启与结束庭审这一社会过程。法庭调查阶围绕庭审开始阶的诉讼权利与义务展开，同时做出与当事人身份一致的语篇，呼应庭审准备阶中原告、被告不同的身份。同时，法庭调查阶的诉求也正是法庭质询的焦点，预设了庭审结束阶。庭审开始阶与法庭质询阶的诉讼权利与义务即为整个语篇的交互情态指针，调配着整个庭审语篇。

现就上述语料中的 2014 年 3 月 3 日昌平法院"耄耋老太诉双儿 要求常回家看看"案件具体分析阐释。在上述 5 个阶中，我们可以看到在法庭中，作为最有权力的审判员通常起始对话语篇。在庭审准备、庭审开始、庭审结束阶，书记员、审判员多作为主要知者（K1）核实诉讼人信息，宣读诉讼权利与义务、宣布庭审结束，如下例：

[例 7]

　　书记员：（K1）　请大家肃静，现在宣布法庭纪律。一、旁听人员必须保持肃静，不准鼓掌、喧哗、吵闹……依法追究刑事责任。

　　审判员：（K1）　今天昌平区人民法院依法在本庭公开审理……赡养纠纷一案。依法决定适用简易程序审理，由助理审判员……任法庭记录。

　　审判员：（K1）　由于部分事实需要核实，本次庭审先到此结束，下次开庭时间另行通知。休庭，双方看笔录签字。

例 7 表明在准备阶、开始阶、结束阶中，审判员、书记员、诉讼主体的原告与被告"合"为一体。整个话轮呈现连续的话步序列（sequencing moves），话轮多表现 K1 结构。整个法庭为一个诉讼案件的有机统一体。

在法庭调查阶，审判员虽然作为次要知者（K2），但仍作为对话语篇起始者，开启话轮组，要求诉讼人回应。这些话轮转换规则展现出一种层级性的社会结构，常常假定以维持法庭秩序为前提。该语篇阶中，审判员与诉讼主体的原告与被告"分"为次要知者、主要知者。整个宏话轮呈现连续的话步序列，多表现为 K2^K1^[K2f^(K1f)]结构，如下例：

[例 8]

　　审判员：（K2）　现在开始法庭调查，原告陈述起诉事实、理由及诉讼请求。

　　原告：　（K1）　被告周老大和周老二系原告之子……原告认为两被告不履行赡养老人的义务……请求法院判令两被告定期照看老人，进行精神抚慰。

　　审判员：（K2f）原告，你的诉讼请求有什么补充或者变更么？

　　原告：　（K1f）没有。

　　审判员：（K2）　双方当事人提交的证据原件退还自行保管，庭后三日内补交复印件，未按时提交视为没有举证，听清了吗？

　　原告：　（K1）　（k1）　听清了，收到证据原件。

　　被告：　（K1）　（k1）　听清了，收到证据原件。

例 8 可以看出的是在诉讼案件的有机统一体"分中有合"。此时作为民事主体的原告与被告合二为一成为诉讼当事人,合力维权的双方成为一个连续命题的有机统一体。在该话轮中有嵌入式话轮,而且这种嵌入的话轮多为连续的话步序列,其嵌入式话轮结构为：K2^K1(k1^k1)。

然而,在法庭质询阶段,这种"分中有合"转变为"合中存分"。此时诉讼当事人一分为二成为独立民事主体的原告与被告,据理而争的角力双方成为一个不连续命题的矛盾统一体。语料表明法庭质询阶的整个宏话轮基本结构为：K2^K1。在该话轮中又有嵌入式话轮,而且这种嵌入的话轮多为挑战式语步(challenging),其话轮结构为：K2^K1^ch^rch,如下例：

[例 9]
审判员：(K2)　起诉状说给被告两个儿子打电话,描述一下怎么打的电话,什么时间打的?
原告：　(K1)　给周老大打电话,周老大没有接。给老二打电话,老二说凭什么看我。
被告：　(K1)　(ch)　我说的是您在哪儿呢,我去哪儿看您去。
原告：　(K1)　(rch)　他说的是凭什么看我去。

上述例子中凸显了原告、被告之间的矛盾与冲突。庭审语篇是一种人与人的交往和互动过程。在交往和互动中,人作为社会过程的主体有不同程度的意图、欲望、利益和目的,不可避免地呈现不同的价值判断。审判员、书记员、证人、代理人、诉讼当事人,在庭审语篇的不同阶段,由不同的话轮转换,特别是挑战语步、反挑战语步的出现,使得竞争、冲突的社会过程尤为凸显。这是一种有规则的竞争,是在达成共识的情况下双方有组织地参与竞争活动。活动的结果尽管"分化"了参与者双方,但这种"分化"具有正面作用,使得冲突得到解决,解决冲突的过程也是推动社会发展的过程,实现融合性的目的。司法语篇通过竞争、冲突的"分"的调适,减少两级对立,推进顺应、同化、合作的"合"的社会过程,继而使整个社会成为一个"有机体"(Cooley, 1966)。

4.4　结　　语

在韩礼德的人际元功能理论指导下,基于马丁的语言与语境的附生观、语类理论、语篇分析的人际意义系统,本章分析了不同法律语篇的语法层的语气系统、语篇语义层的评价系统、协商系统(概念意义和谋篇意义的讨论见第 4 章)。笔者探讨了社会过程中的五个特征——竞争、冲突、顺应、合作和同化作为一个有机体,或显性或隐性体现在法律语篇之中。其中,立法语篇主要实现了同化与合作过程,司法语篇律师代理词着重体现了顺应过程,司法庭审语篇凸显了竞争与冲突过程。本章将系统功能语言学与社会学中的社会过程理论结合起来,探讨法律语篇的人际语义,希望对功能语言学和社会学的融合提供一点启示。同时,也希望对法律语言学的研究和法律语篇分析提供一定的理论和分析工具。我们虽着力揭示作为社会过程的法律语篇如何得以实现,但由于语料的限定,对执法语篇未能涉及,希望在以后的论述中可以进一步阐释。另外对于参与系统,这个未经推进的部分仍有待探究。

第5章
作为社会过程的法律语篇
——态度纽带与人际和谐

5.1 引　言

人类社会作为系统是一个矛盾的和谐体,既有矛盾又有统一,既有纠纷又有和解,既有相同又有相异,总是和而不同。假如人类社会只有统一和相同,人类社会将不再是人类社会,因为这样的人类社会系统没有了商榷,从而违背了系统运作的规律。相异也是和谐体中的一个成分,在一定的条件下也能转化为和谐。

我国自古崇尚和谐思想。夏朝就有了阴阳学说,阴阳对立统一、消长转化、相反相成的关系贯穿于自然与人体等一切事物之中。自 20 世纪五六十年代进入后现代时期起,人们开始倾向于推崇差异,提倡多元共存及动态平衡,于是和谐观被赋予了两层含义:一指构成整体的各个部分之间存在明显的差别;二指这些存在差别的部分之间彼此协调地整合在一起。和谐不是一种绝对静止的状态,而是包含矛盾的、动态的平衡、协调、有序和稳定的状态。"天地万物皆重和谐,尤以人际和谐为和谐的最高价值与最终归宿。"(卜长莉,2005:34)

构建和谐社会已成为我国政府积极倡导的主流价值观。那么,如何构建人际和谐?学者分别从管理学、心理学、社会学等角度给出各自观点。本章以系统功能语言学框架下的个体化及评价理论为基础,研究态度识解与人际和谐的关系。

5.2　话语建构社会关系

以韩礼德为首的系统功能语言学派认为,语言是对意义潜势的选择系统,使用者在系统的每个节点上作出选择，由此确定语言各个子系统的"特征值"，这些特征值组合后形成语言的外在表征形式。语言具有概念、人际及谋篇三大元功能。（Halliday，1985；1994；2004）韩礼德认为，语言不仅仅反映客观世界，同时也建构这个世界。用语言符号反映和建构客观世界的过程是对客观世界的识解（construal）过程。（Halliday，1995/2006：13）概念功能用于识解经验；人际功能用于识解主体身份及社会关系；谋篇功能将概念意义与人际意义组织到一起，编织成完整的话语样本（语篇）。韩礼德秉承弗斯（Firth）及马林诺夫斯基（Malinowski）的语境观，主张社会语境确定意义的观点。社会语境包括情景与文化语境两类：前者涉及交际参与者、交际活动及交际方式三个要素，其后发展为语场、语旨和语式三个语域变量。后者包括意识形态及文类两个层面（Halliday & Matthiessen，2004）。在语境的制约下，语言的意义实现是一个实例化过程（instantiation），形成了"意义潜势—文本类型—具体文本"的连续统。这些观点有助于分析阶层、性别等群体身份特征对个体话语产出"自上而下"的制约，却难以解释个体如何通过对意义资源的选择，建构自身的社会身份，并以此调节与其他个体/群体的互动关系。

马丁等人赞同韩礼德1968年提出的"语言学研究既要研究运用中的语言，也要研究语言使用者"的观点，并主张加强研究人作为认知主体在意义识解中的能动性作用。受社会教育学家伯恩斯坦（Bernstein，1996/2000：158）的个体意库/文化意库（repertoire/reservoir）观点的影响，马丁建立个体化（individuation①）连续统，并将之视为与实现化（realization）和实例化（instantiation）互补的第三个语言层次（Martin，2006；2008a；2008b；2010）。个体化研究作为系统的意义潜势和个体所能调动的语言资源之间的关系，前者对应文化意库（reservoir of a culture；即特定文化的意义总库），后者对应个体意库（repertoire of a given individual；即特定个体所能调动的全部技能）（马丁、王振华，2008）。

基于马丁和伯恩斯坦的观点，笔者建构了图5-1。图中左端是个体产出的具体话语样本 a。从历时角度看，每个个体都在产出大量的该类话语。由这些话语样本构成的集合，我们可以推断该个体所能调动的所有意义资源（个体意库）。同理，由若干个体的所有话语样本构成的集合，我们可以推断出由这些个体构成的群体所能调动的意义资源（群体意库）。依此类推，由全部人类

---

① Individuation（个体化）作为一个专门的语言学术语，由麦蒂森（Matthiessen，2003）提出。他将其视为实例化过程的一个中间层次，介于语域变体与个体方言之间。之后，马丁视其为继实现化和实例化两个层级之后的第三个层级，并预言个体化是未来50年系统功能语言学研究的中心（马丁、王振华，2008）。

个体在某一历史时期产出的话语样本集合，我们可以推断出该历史时期的整体文化意库。需要特别指出的是，如果按产出时间的先后对个体 A 的所有话语样本排序，我们能够勾勒出该个体的语言发展概貌。同理，每一个特定历史时期的全体话语样本集合，也都可以被视作人类语言发展历史中的一个横截面，只要收集到足够多的类似集合，我们就能够推断出语言整体演化的历史进程。正如韩礼德和麦蒂森（Halliday & Matthiessen，1999：19）指出的，具体话语样本为个体语言发展/个体意库提供材料，个体意库为语言整体演化/文化意库提供材料。反过来，文化意库为个体意库的建构提供环境；个体意库则为具体话语产出提供环境。

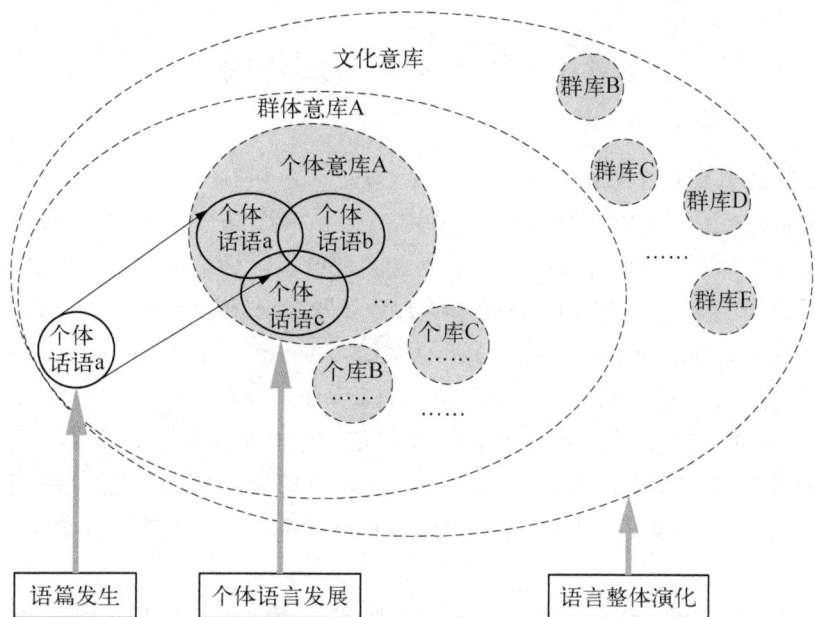

图 5-1　个体化与意义生成

在整个个体化过程中，意义的生成始终是动态的。任何具体话语的意义，均受制于内外两重因素。内部因素指随着语篇展开而逐渐呈现出来的概念意义、人际意义及各部分之间的逻辑结构。外部因素指语篇生产者及其他个体之前产出的千千万万个类似的话语样本。这些不同的实例化样本之间相互影响，使得意义始终处在动态变化的过程中。在某些实例化过程中，话语原有的概念意义被释放（discharge），转而被特定的人际意义所填充，导致概念意义和人际意义的耦合（coupling）。（Stenglin，2004；Martin，2010；Knight，2010）意义耦合是个体建构社会关系的重要话语资源。如奥巴马 2008 年竞选美国总统时提出的 Yes，we can！（我们一定能！）原本是一句普通的肯定句，表达"我们具有某方面的能力"这一概念意义。然而奥巴马频频使用该口号将支持他的选民团结到一起，其目的是强调他具有带领美国人民走出经济危机的能力。在反复使用过程中，这一积极态度意义不断强化，渐渐挤占原来的概念意义空间，发生了意义耦合。

个体化作为一个单独的层次有助于打破结构化的樊笼，凸显人作为认知主体的能动性。在建构人际关系方面，个体可以调动自身话语资源，建构特定态度，以此为纽带实现人际和谐。那么，这一过程具体如何运作呢？下节中笔者选取真实语料，解析态度识解的运作机制。

5.3 个体化与态度识解

人际意义建构个体间的社会关系。态度是人际意义的核心，如何识解态度意义也就成为建构和谐人际关系的关键。本章以马丁等人（Martin，2000；Martin & White，2005）在 20 世纪末创立的评价理论为框架，对此作一解析。

评价指言者/作者对所谈论事物或命题的态度、观点、立场或感情。（Thompson & Hunston，2000：5）评价系统（Martin，2000；Martin & White，2005；王振华，2001）包括三大子系统：态度、介入及级差。介入关涉评价来源；级差关涉评价强度；态度为评价系统核心，包含情感、判断与鉴赏三个子系统。情感用以解释说话人对行为、文本/过程及现象的情感反应；判断指说话人根据伦理/道德对人的行为所做的评判；鉴赏则是从美学角度对文本/过程/现象的评价。

作为人际意义，评价在语篇内分布呈现"韵律性"和"弥散性"特征（Halliday，1979/2002：205-206；Lemke，1998）。扎帕维尼亚等人（Zappavigna *et al.*，2008；2010）指出语篇内的态度意义不仅可由显性态度词汇实现，也包括由概念和人际意义耦合而成的"纽带"（bond）实现；若干"纽带"可能集中于语篇的某一部分，形成意义综合体（syndrome of meaning）。胡德（Hood，2010：141-170）进一步指出纽带一旦形成，可经由词汇衔接链，将人际意义逐步扩散至语篇的其他部分。

综合上述观点，我们认为态度意义在语篇内部呈现韵律式的流动，其实现方式多种多样，既包括显性态度词汇的使用，又包括诸如"纽带"这类隐性态度的表达；(说话人综合调用这些态度资源，或明或暗地建构自己的态度并将之传递给其他个体)。以下我们以《金牌调解》2011 年 5 月 11 日的节目《这就是爱》①为语料,解析态度识解的过程。

5.3.1　《这就是爱》的态度识解过程

该期节目当事人为一对准备离婚的夫妻。金先生因妻子多嘴、吵闹及时常怀疑他偷钱而埋怨不已,提起离婚请求。妻子王女士则控诉他时常赌博、不照顾生意。在主持人、调解员及观察员的调解下,两人最终言归于好。根据马丁和罗斯(Martin & Rose,2008)的理论,我们对该语篇的文类解析如下。

节目开始,播放短片介绍事件及双方当事人背景。随后,主持人问候观众、介绍嘉宾并导入访谈。第二阶段,主持人引导当事人讨论,挖掘夫妻感情不和的原因。每一轮问答末尾,节目组插入简评,并转入下一轮问答。第三阶段,调解员发表调解词。随后播出金先生与调解员进入密室私下调解的视频剪辑。第四阶段,双方言归于好,主持人暗示结束;当事人对调解员及节目组表示感谢。综上,该语篇可归纳为"导入^争论^调解^尾声"四个阶段(stage)。以下我们重点分析争论及调解阶段态度意义的识解过程。

在《这就是爱》语篇中,态度意义主要通过隐性而非显性的态度词汇实现,现将分析结果简列如下:

表 5 - 1　争论阶段态度资源分布

	争论阶段				
	正面态度资源		负面态度资源		合　计
	显　性	隐　性	显　性	隐　性	
金先生	10	25	27	38	100
王女士	2	18	11	20	51

由表 5 - 1 可知,争论阶段金先生采用的态度资源比王女士几乎多了一倍,其中负面态度占三分之二,正面态度仅占三分之一;王女士话语中的态度资源相对较少,正面与负面态度比例相对均衡。双方的共同点是:均倾向于采用正面态度资源来描述己方言行,采用负面态度资源来评判对方言行;此

---

① 《金牌调解》是江西卫视于 2011 年推出的一档以调解为主线,以调解成功为目的,以创造人与人之间的关系和谐为最终目标的电视节目。每期节目邀请一对或多个有矛盾的当事人进入演播室,主持人和金牌调解员外加 8 名观察员现场为当事人排忧解难。

外,双方均倾向于采用显性与隐性态度相互交织的手段来表明自己的态度,多将态度意义与评价对象的概念意义耦合起来,构成隐性的"态度纽带"。以下我们试举两例加以说明。

[例 1](黑体表示构成态度纽带的评价对象与显性态度词汇,着重号表示级差意义资源,下画线表示与评价对象构成衔接关系的词汇)

　　王女士:那个时候他爱**打麻将**,我有的时候看了就**生气**。我说家里<u>这么</u>穷,<u>没钱</u>。<u>小孩要读书</u>,<u>两个</u>小孩。他<u>玩起麻将来</u>的时候,叫他做<u>什么</u>事都叫不到的……为什么我抓<u>这个钱</u>抓得<u>这么</u>紧?我就是为了<u>这个事</u>。因为我<u>经常</u>看到他<u>打那个赌博机、打麻将</u>。我就是<u>这个钱</u>抓得很紧。如果他不是<u>这个习惯</u>的话,我的<u>钱</u>,我撒手,我<u>什么都</u>不管。

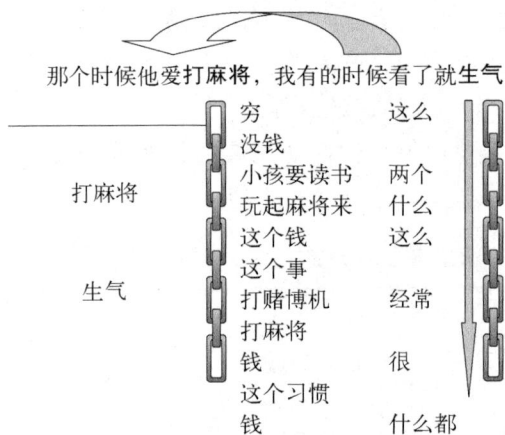

图 5-2　态度纽带与评价衔接链(争论阶段)

如图 5-2 所示,从一开始,王女士将"生气"这一负面态度注入"打麻将"(评价对象)之中,两者意义耦合构成纽带。其后的一系列词,如"玩起麻将来、这个事、打赌博机、打麻将、这个习惯"均指代"打麻将",彼此构成词汇衔接链;而负面态度也经由该衔接链逐步扩散。换言之,上述看似中性的词汇也被浸染上隐性的负面态度。此外,"打麻将"涉及"金钱"。语篇中反复多次出现与钱相关的词汇,如"穷,没钱,小孩要读书,钱,钱",这些词经由转喻也浸染上"打麻将"的隐性负面态度。与此同时,语篇内的另一组词语:这么(穷)、两个(小孩)、什么(事)、这么(紧)、经常(打赌博机)、很(紧)、什么都(不管)修饰各自的中心词,表示较高的程度或频率。这些级差意义资源增强了负面评价的力度。上述三组词语由负面态度意义串联起来,构成了一条隐性的评价衔接链(evaluative cohesion)(Lemke,1998)。

我们再以金先生的反驳为语料,分析他如何识解同一评价对象("打麻将")。

[**例2**] 金先生：**打麻将**，关于打麻将这个问题呢，她也没有反对过。
但是也不像她说的，打上了麻将就不下桌。因为我
打麻将，一年也难得几次。如果是天天赌，或者一个
月赌几次，那就叫打麻将。因为我一年也难得几次，
也谈不上什么打麻将。

由于"打麻将"附带的负面意义已经为受众所接受，金先生并未直接反驳，转而采取一系列低量值的级差资源，如"不像她说的，打上了麻将就不下桌、一年也难得几次、一年也难得几次"来降低负面态度的强度。同时，他还使用了让步（concession）："如果天天赌，或者一个月赌几次，那就叫打麻将。因为我一年也难得几次，也谈不上什么打麻将。""天天、一个月几次与一年也难得几次"形成对比，意在强调他"打麻将"的频率之低，试图使自己的行为与"打麻将"脱钩，从而摆脱这一表达的负面意义。然而，由于"打麻将"（及其替代词"赌"）的反复出现，隐性的负面态度仍在语篇内萦绕，这使得他的辩驳显得有些无力。

以上我们分析了双方因对同一评价对象持不同态度而导致的人际冲突。接下来我们再以调解阶段为例，分析调解员是如何创造性地运用话语资源建构当事双方均认同的态度纽带，最终达成人际和谐的。

调解员并未直接表明对"离婚"的态度，而是将"离婚"拆分为"妻子"与"丈夫"两个评价对象；采取显性与隐性相结合的评价策略，描摹了离婚后他人对妻子及丈夫的评价（显性为主），以及自己对两人的态度（隐性为主）。对调解词的态度资源分析简列如下（表5-2）。

表5-2　调解阶段态度资源分布

评价对象	评价主体	评价方式	态度意义	态度资源（着重号表级差资源）
妻子	妻子	显性	负面情感	天天以泪洗面、很惨、嫁不出去、很多问题、赚钱也没有心思、可怜
	旁人*		负面判断	一定会风言风语、指指点点、骂、讲、笑、跟在后面、"没用！"
	子女*		负面情感	怨恨、怪

（续表）

评价对象	评价主体	评价方式	态度意义	态度资源（着重号表级差资源）
夫妻二人	调解员	显性与隐性相结合	负面判断	原来穷得要死，好不容易赚了几万块钱，两个人怪里怪气，莫名其妙。好日子不过，没钱的时候吵一吵可以理解，有钱了吵得更凶。
		显性	负面判断	很惨、惨
		显性与隐性相结合	负面判断	你们两位当父母的，几十年、21年来苦得一塌糊涂……轮到你们的子女吃苦，他们没有正常的家庭，所以让你们的子女去苦。这就是你们的家庭。这就是不要算命都会出现的事情……你们家马上可以做出新的贡献——你们自己……你们自己……你们……离婚
妻子		显性与隐性相结合	正面判断	你这个妻子藏钱，你为了什么呢？妻子是为了什么呢？曾经看到丈夫赌博，当然是曾经。不放心，她也会伤心，所以她想把钱藏起来。不要赌博赌掉了，赌掉了就完蛋了。多少个家庭因为赌博妻离子散、家庭崩溃、经济全部完蛋。你这个想法太天真了，你为家庭操这个心干什么？你的丈夫不会这样去想。这个问题，这个妻子藏这个钱干什么？藏这个钱干什么呀？穿得可怜、吃得可怜（对比）
				一个女人在我生病的时候会哭着去求这个找那个……借这个钱借那个钱……曾经是这样对待过你……最艰难的时候曾经做了这些事情
丈夫	旁人*	显性	负面判断	不记恩、记仇 大摇大摆、大摇大摆、不记得、不在乎、一笔抹杀 气量小的人、没见过什么世面的人
	调解员	显性	正面判断	你们这个家庭，男的管事更到位、相信他不会再去赌博 更聪明

　　* 此处"旁人"及"子女"为调解员话语中出现的虚拟评价参与者，并非节目现场的真实人物。

　　调解员首先运用一系列显性负面态度资源描绘了离婚对妻子的影响：不仅妻子本人情感受创，旁人也会"风言风语、指指点点，骂她、讲她、笑她"；而子女也会"怨恨她,怪她"。上述显性负面情感及判断意义间接传递了对"离婚"的隐性负面鉴赏。随后,调解员转而对夫妻两人的言行做了负面评价。他首先在"你们家"与"很惨"之间建立了纽带关系,随后通过词汇衔接将这一负面评价逐步扩散,并与语篇内其他显性负面评价资源相互呼应,构成了负面态度的综合体(syndrome),这一过程可表示如下(图5-3)。

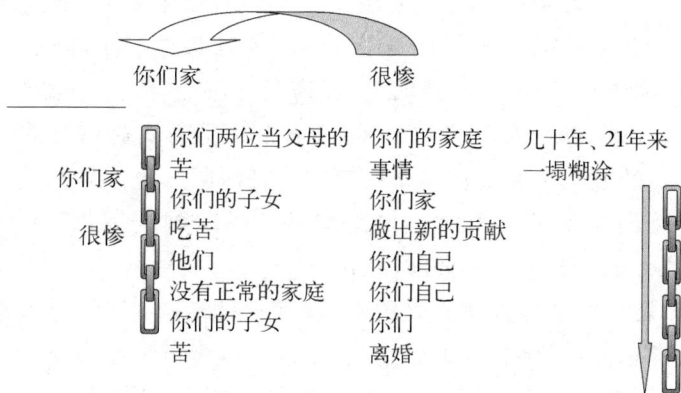

图5-3　态度纽带与评价衔接链(调解阶段)

由"惨"到"你们家"形成纽带,调解员随后借一系列代词,如"你们两位当父母的、你们的子女、他们、你们的子女、你们的家庭、你们家、你们自己、你们自己、你们"将这一隐性负面评价层层扩散至语篇中,与此同时,一系列显性态度词,如"苦、吃苦、苦"与隐性评价相互交织,使评价的力度不断增强。而"没有正常的家庭"直接点出了"苦"的原因,与之前的"很惨、惨、苦、吃苦、苦"以及随后的"事情、做出新的贡献、离婚"构成了词汇衔接链。值得注意的是,"贡献"一词指"拿出物资、力量或意见、经验等献给国家或公众"[《现代汉语词典》(第5版,商务印书馆,2005)],一般具有积极的态度意义。然而,在这个语境中,调解员创造性地运用该词表达消极的态度意义,借以达成反讽的修辞效果(Louw,1993)。子女是夫妻双方共同关心的焦点。调解员点出了离婚对子女的伤害,这是双方都不愿意面对的,围绕这一点两个人可能达成共识。

接下来,调解员将话题焦点转向妻子,通过"妻子藏钱"以及"妻子在丈夫生病时哭着四处借钱"这两件事,间接表达了对妻子品性的正面判断。值得注意的是,与之前例子相比,这里调解员并未一开始点出自己的态度,而是先用彼此衔接的两个问句:"你这个妻子藏钱,你为了什么呢?""妻子是为了什么呢?"引起受众的兴趣,随后点明原因:"曾经看到丈夫赌博,当然是曾经。不放心,她也会伤心,所以她想把钱藏起来。不要赌博赌掉了,赌掉了就完蛋了。

多少个家庭因为赌博妻离子散、家庭崩溃、经济全部完蛋。"这里调解员用显性负面评价"完蛋、妻离子散、家庭崩溃、经济全部完蛋"来指出赌博的危害,妻子出于防患于未然的担心,将钱藏了起来。这一行为在语境中获得了正面的判断意义。以这句为中心,态度意义在语篇中扩散,向前回溯至上述两个问句,向后弥漫至以下一系列指代词与问句:"你这个想法太天真了、你为家庭操这个心干什么? 你的丈夫不会这样去想、这个问题、这个妻子藏这个钱干什么? 藏这个钱干什么呀?"所有这些看似中性的问句均被注入了隐性的正面评价。此外,通常语境中当"天真"与"想法"构成搭配时,一般具有"不成熟""不周全"等负面含义。而在本语境中,"天真"的负面含义与前文对赌博的负面评价交相呼应。字面的显性负面鉴赏韵律唤起的却是深层的正面判断韵律。这种由一种评价类型向另一种评价类型的隐喻性迁移可称为评价隐喻(evaluative metaphor)(Lemke,1998;张大群,2010)。

最后,调解员描摹他人对丈夫的负面评价,间接表达了自己的态度;同时,还利用显性的正面评价词"管事更到位、相信他不会再去赌博、更聪明"表达了对丈夫未来言行的正面判断。一正一反两相结合,使自己的意见更容易为人所接受,最终顺利调解了双方的矛盾。

综上所述,夫妻双方由于对事物所持态度不同,导致人际冲突;然而并非毫无回旋余地:如早年生活幸福、对子女的共同关心等,在这些话题上二人的态度仍是相近的。调解员的职责即在于调用话语资源,围绕上述事物建构起双方均认同的态度纽带,以此达成人际和谐(如图 5-4 所示)。

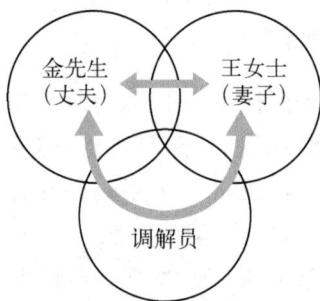

图 5-4 态度纽带建构人际和谐

5.4 结　语

本章指出语言的建构功能不仅受语境制约,人作为认知主体,在这一过程中也可以发挥能动性。分析表明个体识解态度过程也就是建构人际关系的过程。当不同个体建构起的态度互相冲突时,可能导致人际冲突;而当不同个体态度趋近一致时,较易达成人际和谐。

需要指出的是,本章的观点是基于单篇文本深度分析提出的,结论难免有片面性。笔者将在后续研究中开展进一步的探索。

第6章
态度系统的范畴化问题及其拓扑应对方法

6.1 引　言

　　系统功能语言学框架下的系统网络主要用于梳理语言系统中不同成分之间的分类关系(taxonomy)和宗亲关系(agnation)。这样的处理方式是在类型学基础上将意义范畴化。系统网络由系统名称、入列条件和选项构成(Halliday & Matthiessen, 2004)。其中系统名称是范畴名称，入列条件是范畴属性或者范畴间的区别性特征，选项是范畴成员，选项之间可以是逻辑上的合取关系或析取关系。

　　态度系统(参见 Martin, 2000；王振华, 2001；Martin & White, 2005)是在类型学视角下基于意义范畴化理论建构起来的。态度系统梳理的范畴为态度范畴，入列条件是具备态度属性，选项为情感、裁决和鉴赏，三者处于逻辑上的析取关系。虽然情感、裁决和鉴赏之间存在一定的区分依据(如评价语境不同)，但是态度范畴化的分类依据尚不明晰(详见下文)。另外，由于不确定性是意义的本质属性(Halliday, 1996)，基于意义范畴化建构的态度系统，其不同范畴之间存在着界限模糊的问题。这两个问题属于范畴化的分类问题。本章从拓扑观点出发，探讨态度系统范畴化的依据，分析不同范畴之间边界模糊性的成因，以期进一步廓清对态度系统的认识，应对在语篇分析实践中的适用性难题。

6.2　态度系统范畴化问题

　　态度系统关注人们对自身心理状况、他人的人品与行为以及其他的自然/符号现象所表达的观点与看法，可以进一步次系统化。这些次级范畴在态度系统中处于不同的位置：情感系统为整个态度系统的中心，由它衍生出裁决系统和鉴赏系统。现实型的情感主要包括不/幸福、不/满意和不/安全；非现实型的情感主要涉及非/倾向性。裁决包括对人的行为规范、做事才干、坚韧不拔的社会评判和对人是否真实可靠、行为是否正当的社会约束。鉴赏包括自然/符号现象所引发的反应以及各类现象自身的构成与价值。关于态度系统的详细介绍可参照马丁（2000），王振华（2001）以及马丁和怀特（2005）的理论成果。态度系统的基本框架融合了整体的简洁性和具体分析中呈现不同精密度层级的可能性，被广泛应用于分析各类语篇的人际意义，详见图6-1。

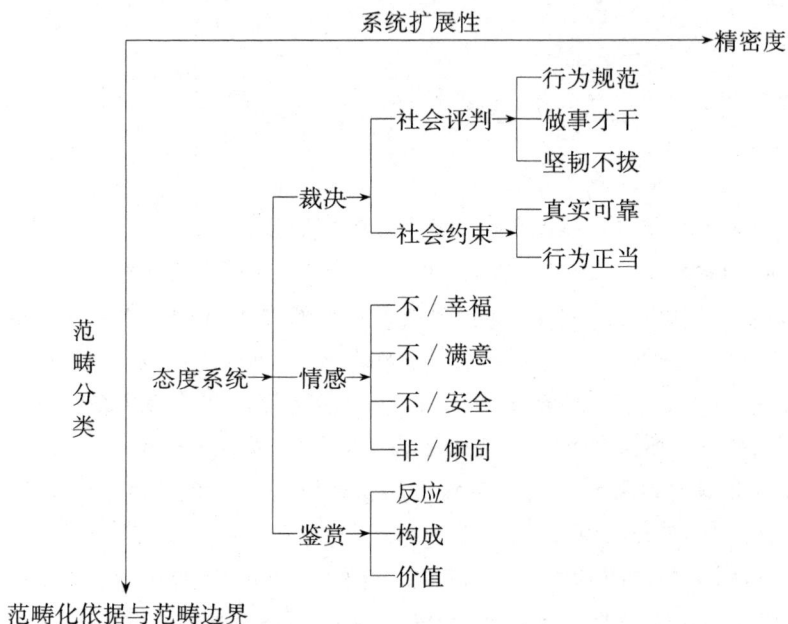

图6-1 态度系统、范畴分类和精密度（基于 Martin, 2000）

但是，关于态度系统范畴化的一些问题仍然有待澄清。从态度系统的纵向层面来看：首先，态度意义三分法是依据什么而建构的？这个问题至今仍没有明确的答案。马丁和怀特（Martin & White，2005：46）认为，"当前阶段对感情的分类（情感、裁决和鉴赏）是关于相关意义组织的假设"，"三分法在现阶段仍然是一个有关态度意义之构成的假说。"（White，2011：19）追寻态度三分法的准确理论依据是评价理论的一个核心课题。其次，各类态度意义和资源之间界限不够明晰、并且有重叠现象，区分不同态度范畴的依据未能作为一个子系统列入态度系统框架（Martin & White，2005；王振华、马玉蕾，2007；刘兴兵，2013；Thompson，2014；郇昌鹏、吴灿中，2014）。例如，有些态度资源既可以表达对人品或行为的裁决,又可以表达对产品的鉴赏,在 This is a deeply intelligent film from a first-class director(这是一部出自一流导演之手的极具智慧的影片)一句中,deeply intelligent(极具智慧)可以表达对电影的鉴赏,也可以看作是对导演才干的裁决。

　　从态度系统的横向层面来看:源于系统自身的扩展性,态度系统的子范畴在精密度上具有无限延展的可能性;同时,不同精密度层级上的态度范畴具有不同的包容性和语境敏感性。态度范畴的精密度与包容性成反比关系,与语境敏感性成正比关系。精密度低的态度范畴,其包容性强,构成态度系统的基本框架。但是,"在真实语境中,词汇的态度意义会随着语境变化而有所不同。"(Martin & White,2005:52)评价系统依赖语类和语域两种语境因素,是基于对特定语类和语域的分析归纳而建构的,所以"把该系统应用到其他语域和语类时需谨慎。"(Bednarek、郇昌鹏,2018:42)在不同的场域中,态度系统精密度越高的范畴往往具有越强的语境依赖性和敏感性,这会导致不同语境下态度次级范畴存在巨大差异。"在所有的态度类型中,鉴赏子系统的语境敏感性最强"(Macken-Horarik & Isaac,2014:74),其中"价值尤其对语场敏感,因为事物的价值很大程度上取决于人们所在机构关注的焦点"(Martin & White,2005:57)。在分析具体语篇的态度资源中,是该遵循态度系统的范畴分类,还是根据具体语篇类型归纳出不同的态度范畴,关键在于如何在态度系统整体的简洁性和具体语篇独特的态度资源之间保持平衡。

　　态度系统在纵向层面上存在的问题从本质上都涉及了类型学视角下范畴分类的根本问题:① 态度范畴化的分类依据问题与范畴分类的静态观相关,② 态度范畴的边界问题不仅关涉范畴分类的静态观,还与意义的不确定性相关。立足于拓扑视角,通过考察意义的不确定性和范畴化的动态性,可以为探讨和消解上述问题提供有效的可行性方案。同时,在处理态度范畴化的分类依据时,横向层面的精密度问题也能够得到妥善的解决。

6.3　拓扑、意义的不确定性与范畴化的动态性

6.3.1　拓扑与意义的不确定性

　　在系统功能语言学领域内,拓扑视角主要是用来阐释意义的不确定性的。"拓扑作为数学术语,指的是确定某类别成员间接近程度的一套标准。它将一组物体变为一个空间,而这个空间的边界是由这些物体彼此之间的关系来决

定的。"(Lemke，摘自 Martin，2013：153)简言之，拓扑视角强调的是范畴成员之间的空间意义以及意义组成成分之间的连续性。不确定性作为语言的本质属性，积极意义和消极意义并存，可以分为不同的类型。韩礼德（1996：399）最初区分了四类语言不确定性：渐变体（clines）、混合（blends）、互补（complementarities）和概率（probability），后来又加上歧义（ambiguities）、重叠（overlaps）和中和（neutralizations）三种类型（Halliday & Matthiessen，1999：549）。早在 20 世纪九十年代，马丁和麦蒂森（Martin & Matthiessen，1991）就提出用拓扑视角来分析概念系统中过程类型之间的不确定性，尤其是识别类关系过程与其他过程类型的关联（赵蕊华，2016）。随着系统功能语言学的发展，学者们逐渐意识到不确定性问题更普遍地存在于系统内范畴成员之间的关系上，一方面范畴成员的地位并不是绝对平等的，它们之间构成渐变体（clines），另一方面范畴成员之间的界限也不是泾渭分明的。

虽然有学者提出可以从拓扑视角探讨评价范畴之间的关系（Martin，2000；Bednarek，2009 等），但对于态度系统范畴之间的不确定性类型与成因，学者们并没有给出详尽的阐释。由于评价语言有显性和隐性两种呈现方式、评价同时处于局部上下文语境与整体语篇语境框架内、以及评价资源具有情景和文化语境独特性，麦肯-霍拉里克和艾萨克（Macken-Horarik & Isaac）提出在进行评价分析时，要将不确定性置于研究任务的中心，"要接受范畴的模糊性，适应边界问题的存在。"（2014：78）态度系统是评价系统的核心，因此，在分析具体语篇的态度资源时，尤其应该妥善地处理不确定性问题。

6.3.2　拓扑同化和拓扑异化

除了探讨拓扑空间关系外，拓扑视角还被用来研究空间形式在连续变形中保持不变的性质，以及各种从量变到质变的动态现象。用它来考察概念的动态发展过程，生成了概念拓扑同化观（印世海，2012）。概念拓扑同化观的两个核心概念是拓扑认知和拓扑同化。人们在认识繁杂的现象和事物时，忽视其差异性，关注在变化中保持相同的拓扑属性，即为拓扑认知。"拓扑认知使人类从不同中创生反映事物拓扑同一性的概念过程就是'拓扑同化'。"（印世海，2012：48）

拓扑同化与范畴化功能一致，但更强调概念形成的动态过程。首先，从概念的动态演化过程来看，概念拓扑同化理论区分原生同化和次生同化过程，分别生成原生概念和次生概念。原生概念是基于感性认识来反映事物同一性的概念，是人类最先形成的概念；次生概念则是对已经形成概念的再次加工，通过次生拓扑同化而逐渐形成的。其次,从概念的动态生成过程来看,拓扑同化机制强调拓扑同化与拓扑异化并存,认为二者都是人类认识的必然过程。拓扑同化过程从不同中创生出反映事物同一属性的概念;拓扑异化过程源于概念细化的需求和现实存在的由量变到质变的现象,它从某一概念的拓扑属性出发向外延伸,经过由量变到质变的过程,创生出具有异质性的其他相关概念。再次,从概念间的关系来看,概念拓扑同化观认为概念的拓扑属性是其概念内涵,拓扑变体等同于概念的范畴或外延成员。拓扑变体的同质性在于拓扑属性,异质性在于其值的差异。最后,值得一提的是,拓扑同化的发生取决于人的认识视点、能力和目的。基于不同的认识视点、能力和目的,拓扑同化具有导向性和灵活性。

综上所述,概念拓扑同化观将概念形成的过程视为动态过程,不仅关注从原生范畴到次生范畴的概念动态演化过程,还关注通过拓扑同化和异化生成概念的动态过程,是对经典范畴理论和原型范畴理论的深化与发展。此外,概念和范畴本质上是一致的。"范畴划分,就其本质而言,就是一个概念形成的过程,每个概念都有一个对应的范畴"(王寅,2006:89),因此笔者将概念拓扑同化观适用于态度范畴化的研究中,并统一采用范畴的说法。

6.4 拓扑视角下态度范畴化问题的应对方法

针对上文对态度系统范畴化提出的两个问题,即① 态度范畴化的分类依据缺失问题,② 态度范畴的边界模糊性问题,本节将立足于拓扑视角,首先从态度范畴化的认识论基础出发,探讨态度范畴化的分类依据,同时解决态度范畴在不同的精密度层级上如何取舍的问题;然后基于概念拓扑同化与异化过程,分析态度系统范畴之间边界模糊性的成因,并提出相应的应对办法。

6.4.1 态度范畴化的分类依据缺失问题及其应对方法

基于类型学的态度系统无法呈现出态度范畴化的分类依据。马丁(2000)虽然提出态度系统中的情感是以心理学为依据的、裁决是以伦理学为依据的、鉴赏是以美学为依据的,但这些理论依据只是态度范畴的区分依据,不是态度范畴化的分类依据,即虽然可以通过心理学、伦理学和美学区分情感、裁决和鉴赏,但这三个范畴不是分别基于心理学、伦理学和美学而形成的,因此不能从根本上阐释态度范畴化分类的合理性。

由于态度系统主要考察评价主体对不同评价客体的情感反应和看法,并且"评价的来源和对象都具有辨别性"(Martin & White,2005:59),因此可以通过考察评价者和评价对象来探讨态度范畴化的分类问题。"与自然范畴不同,评价范畴不是按客体的物理性质,而是按客体及其性质对人的影响、按它们与人的价值尺度及标准的符合程度来划分客体的。"(杨利芳,2008:42)评价范畴化的参照点是人的价值尺度,因为评价本身就是语言的概念系统与人的价值系统互动的产物,作为评价系统核心的态度系统更是如此。因此,评价者、评价对象和评价的价值尺度对评价的范畴分类具有重要意义。态度系统范畴化的过程中,评价者都是具有喜怒哀乐情绪、进行好恶贬赞评判的认识主体;评价的标准(即人的价值尺度)一直参与其中;最为关键的是评价对象,其范畴分类直接决定了态度系统的范畴分类。

由于评价者属于认识主体,评价对象属于认识对象,我们可以通过认识论来探讨评价范畴的分类依据。认识论主要探讨认识主体对自身及外界事物等认识客体的看法和处置,主体与客体是认识论的两大核心要素。众所周知,人类在意识萌芽之初,首先关注的是自身的生存状况,人们会观察并衡量周围生存环境中的其他事物,尤其是这些事物对自身生存的影响,即其价值。同时,人们还会重视自身基于外界刺激和身心变化所产生的心理感受和反应。此外,在与他人交往互动的社会化过程中,审视他人的行为和品性,并以此为基础,建构一系列行为准则来规范人类自身的行为,也促使了伦理道德和法律规制的创生。根据概念拓扑同化理论,从范畴的动态演化来看,人类的认识对象经过原生拓扑同化,生成人自身、人所处的环境以及环境中的主体这三个原生范畴。认识主体对自身心理感受的表达,主要构成情感范畴;对社会中其他人的行为和品性的评判,主要构成裁决范畴;对除了上述内容以外的其他符号或自然存在物的欣赏,主要构成鉴赏范畴。态度系统的这三个范畴是基于三个原生的认识对象范畴,经过次生拓扑同化而生成的次生范畴(见图6-2)。态度系统的范畴化过程体现了从原生范畴到次生范畴的动态次生拓扑同化过程,将态度范畴视为次生范畴符合认识论的一般规律。态度分类的认识论基础证明了态度系统范畴化的合理性和可信度。

但是,需要指出的是,以上分析仅探讨了态度系统中精密度较低、包容性较强的范畴的分类依据。在更高精密度层级上的态度次级范畴,其分类更多地依赖语境。因此,在对语篇进行态度系统分析时,为了兼顾整体简洁性与精密度的复杂性,需要将演绎法和归纳法结合起来。在考察精密度低的范畴时,

次生范畴　　　　　　　　　原生范畴

情感 ← 次生拓扑同化 ── 人的自身心理

态度系统 → 裁决 ← 次生拓扑同化 ── 人的行为品性

鉴赏 ← 次生拓扑同化 ── 自然或符号现象

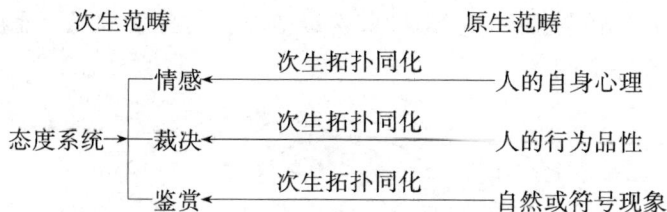

图 6‑2　基于原生范畴的态度次生范畴

采用演绎法,可以避免完全推翻原有理论,造成学术资源的浪费和不必要的重复建构。在考察精密度高的范畴时,要避免机械套用现有态度范畴的做法,而应该采用归纳法,通过分析特定语篇中凸显的态度资源,深入挖掘特定语境下的态度描述语,归纳出态度系统更精密的次级范畴,建构适用于特定语境下的精密态度系统,揭示特定语境下的态度资源模型和使用策略。如施光(2017)在探讨庭审语篇时,基本采用了态度系统的裁决范畴,并提出了司法语境下更为凸显的合法性(legality)裁决维度。再如,霍默贝格和唐(Hommerberg & Don,2015)在分析红酒品鉴语篇时,基本采用了态度系统的鉴赏范畴,包括反应、构成和价值,但在构成层面,除了平衡和复杂度,还提出了该语境下更为突出的涉及红酒口感和制酒原料的浓郁度(intensity)、持久度(persistence)和成熟度(maturity)等范畴。他们将演绎法与归纳法结合起来,成功地平衡了态度系统的整体简洁性和具体分析时态度资源在精密度层级上的复杂性。

6.4.2　态度范畴化的边界模糊性问题及其应对方法

基于意义范畴化的态度系统重在呈现情感、裁决和鉴赏三者之间的内在差异和明晰的边界,将其置于拓扑空间上可以更好地呈现三者的区别和联系。将态度范畴置于拓扑空间之内,情感、裁决和鉴赏都可以看作是其拓扑变体。它们能共存于态度拓扑空间内,这源于它们之间同一的拓扑属性,即态度属性;同时,它们又分别处于各自不同的拓扑空间内,这源于它们之间值的差异(见图 6‑3)。情感、裁决和鉴赏三者之间值的差异主要表现为三点:首先是态度所在的语境。情感处理日常语境下的态度,关涉人自身的情感表达;裁决处理提议语境下的态度,关涉人们该如何行事的准则;鉴赏处理命题语境下的态度,关涉产品价值的标准。其次是涉及的价值。情感涉及心理学中的情绪判断;裁决涉及伦理学中的道德判断;鉴赏涉及美学中的价值判断。最后是评价对象。情感表达的对象是人自身的情绪;裁决的对象是人的行为和品性;鉴赏的对象是行为产品和自然/符号现象。在情感、裁决、鉴赏各自的拓扑空间内,又包含各自不同的拓扑变体,即其次级范畴。这样就构成了态度范畴及其次级范畴的拓扑空间。

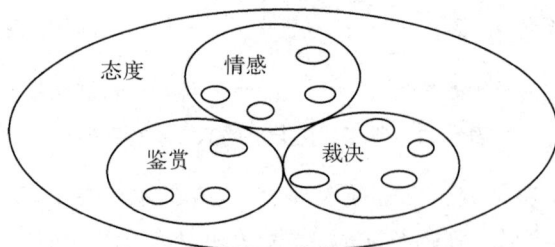

图6-3 态度范畴及其拓扑变体的拓扑空间

但是,态度系统次级范畴的边界并不是截然分开的,它具有一定的模糊性,可以通过拓扑视角进行考察(Martin, 2000),见图6-4。将态度资源置于拓扑空间上,可以看出情感次级范畴不/安全与裁决次级范畴行为正当性在空间位置上比较接近,因为人们的安全感通常受到其他人行为正当性的直接影响。如在"他用拐杖残忍地殴打他的仆人"(He struck on his servant mercilessly with his crutch)一句中,"残忍地"(mercilessly)用于裁决他行为的正当性,同时能引发对危及仆人生命的安全性因素的情感反应。情感次级范畴不/满意与鉴赏次级范畴反应的空间位置比较接近,因为满意通常涉及对事物的反应。如在"观众被他们的演出深深打动(The audience are deeply impressed by their show)"一句中,"深深打动(deeply impressed)"既可以表达观众看到表演时的情感流露,也可以看作是表演所激发的情感反应。裁决次级范畴做事才干与鉴赏次级范畴价值在拓扑

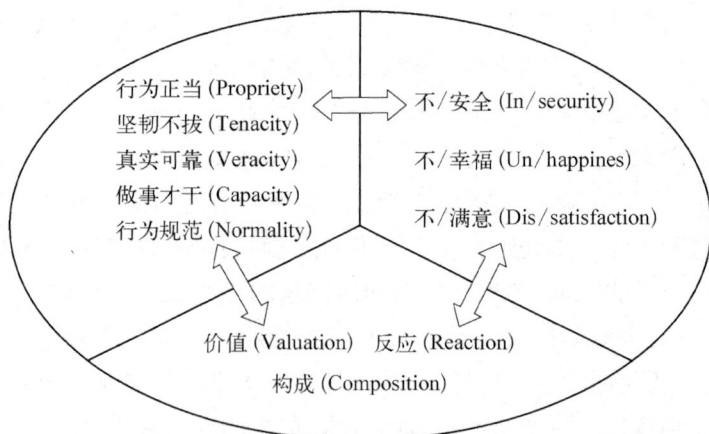

图6-4 拓扑空间上的态度资源分布(基于 Martin, 2000)

空间上比较接近,因为有价值的物品总是产自于具有较强做事能力的人。如"对一个九岁的小男孩来说,这是个非常聪明的主意(This is a quite smart idea from a 9-year old boy)",该句中非常聪明(quite smart)既可以表达对主意的价值鉴赏,又可以看作是对九岁孩子做事才干的裁决。

　　态度系统次级范畴的边界模糊性问题主要源于态度范畴的拓扑同化和异化动态过程。虽然马丁(Martin,2000)提到情感、裁决和鉴赏的关系时,指出情感处于中心位置,裁决和鉴赏分别是提议语境和命题语境中的情感,但是并没有展示裁决和鉴赏从情感中异化分离的动态过程。我们认为拓扑同化和异化过程都是从量变到质变的渐变过程,从量变到质变的临界点往往会造成范畴边界的不确定性。如图 6-5 所示,从情感范畴衍生出不同语境下的裁决和鉴赏范畴可能采取两种路径,无论是直接脱离[图 6-5(a)],还是间接脱离[图 6-5(b)],都会出现拓扑同化和异化的临界点,而这些临界点就是态度范畴边界模糊性存在的地方(拓扑同化和异化的量变过程用虚线圆形标示;质变结果用实线圆形标示;临界点用星形标示)。在裁决和鉴赏范畴与情感范畴分离的临界点(四角星标示),由于情感范畴的包容性,会出现边界混合的不确定现象。混合是指一种措辞同时建构两种不同的意义,两种意义是融合的。而在裁决和鉴赏范畴各自异化分离的临界点处(五角星标示),因为裁决和鉴赏分别属于不同语境下的态度范畴,会出现边界重叠的不确定现象。重叠是指两种范畴重合在一种措辞里,部分意义表达这种范畴,部分意义表达另一种范畴。态度范畴同化与异化动态过程的结果就是马丁和怀特(Martin & White,2005:45)所呈现的将裁决和鉴赏视为不同语境下的情感。需要注意的是拓扑同化和异化的过程同样发生于态度系统中精密度更高的次级范畴内。

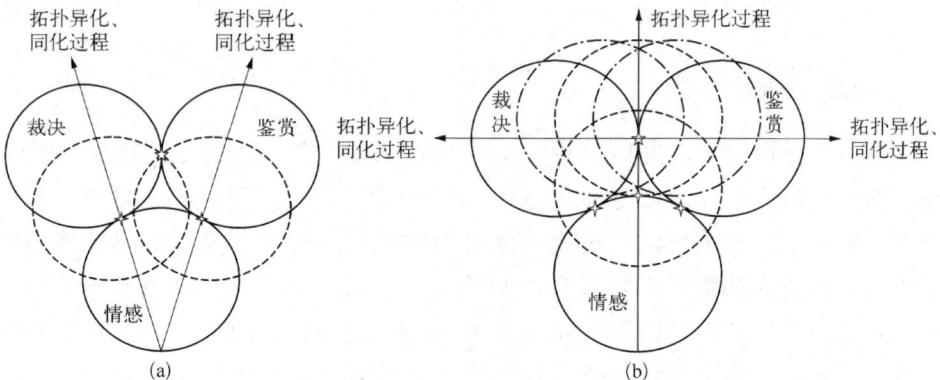

图 6-5　态度范畴拓扑同化与异化的两种路径与边界模糊性

　　基于态度范畴拓扑同化与异化过程的临界点,态度范畴的边界不确定性主要体现为混合和重叠两种类型;在具体语篇分析时,可采用马丁和怀特(Martin & White, 2005)所倡导的双重标注法。首先,对于情感范畴与其他态度范畴的边界混合现象,标注时很难做出非此即彼的析取或同属彼此的合取选择,可根据上下文语境来进行判断。如在下例中(黑体标注),"反感(disgusted)"本身是情感范畴,在涉及凶杀行为的提议语境下,其拓扑属性发生异化,与对凶手的负面裁决融合在一起,同时表达情感和裁决;在涉及凶杀现场的命题语境中,其拓扑属性发生异化,与对凶杀现场的负面鉴赏融合在一起,同时表达情感和鉴赏。其次,对于裁决范畴和鉴赏范畴之间的边界重叠现象,可采用显性和隐性双重标注法。如在下例中(下画线标注),"残忍的(bloody)"作为一个措辞,在前例中显性表达了对凶手行为的裁决,同时引发对凶手行为导致的后果的鉴赏;在后例中,显性表达了对血腥凶杀现场的负面鉴赏,同时也引发了对造成这一现场的凶手行为的负面裁决。

[例1]

a. She felt **disgusted** with the murderer for his <u>bloody</u> act. (**affect/judgment**; <u>inscribed judgment & invoked appreciation</u>)

b. She felt **disgusted** with the <u>bloody</u> scene. (**affect/appreciation**; inscribed appreciation & invoked judgment)

汉译文:

a. 她反感行凶者<u>残忍</u>的行径。(情感/裁决:显性裁决 & 隐性鉴赏)

b. 她反感这个<u>残忍</u>的场面。(情感/鉴赏:显性鉴赏 & 隐性裁决)

6.4.3　案例分析

　　上节主要探讨了态度范畴化的边界模糊问题及其应对方法。下面,我们将依据上述态度拓扑同化与异化过程,来分析法院在刑事裁判文书中如何通过态度资源来实现裁判说理过程。该案为国内某高校林某某故意杀人案,因被告人和被害人都是国内著名高校的学生而引起广泛关注。在本案中,被告人林某某因为生活琐事而记恨被害人黄某,为泄愤通过在饮水机中投毒致被害人黄某死亡。原审法院判决认定被告人林某某故意杀人罪成立,判处被告人死刑,剥夺政治权利终身。判决生效后,被告人林某某不服,提出上诉。上海市高级人民法院受理上诉,并作出了例 2 中的刑事裁定。

在本例分析中,基本可以采用态度系统的次级范畴进行分析。但在庭审语境下,对犯罪行为的评判已经远远超出了裁决范畴下行为正当性的界限,更多地需要根据法律依据来裁决行为是否合法。以下是我们结合在法律语境,增加合法性次级裁决范畴,对例 2 中态度资源进行的分析(其中黑体部分为态度资源,括号内为态度资源分析,+ / -表达正面/负面态度)。

> [**例 2**] 原审认定被告人林某某故意杀人的**犯罪事实清楚**(＋反应),**证据确实**(＋反应)、**充分**(＋构成),**适用法律正确**(＋行为正当),**量刑适当**(＋行为正当),**审判程序合法**(＋行为合法)。……现依据《中华人民共和国刑事诉讼法》第二百二十五条第一款第(一)项之规定,裁定如下:
> **驳回上诉**(－反应/－行为正当),**维持原判**(＋反应/＋做事才干)。
> [上海市高级人民法院刑事裁定书 (2014)沪高刑终字第 31 号]

通过态度资源分析,我们发现,二审法院首先使用了 3 个鉴赏资源来对原判认定的事实和采信的证据进行评价,然后使用 3 个裁决资源来对原审法院的法律适用、定罪量刑和执行审判程序的行为进行评判,最后通过“驳回”和“维持”两个概念意义来表达对上诉和原判的鉴赏态度,同时隐性地表达了对上诉人和原审法院的评判。通过态度资源的分析,可以发现二审法院倾向于使用主观性相对较弱的裁决和鉴赏资源来维持司法语篇的客观性。

为了实现裁判说理的语类目的,二审法院使用不同的态度资源来证明该裁定的合理性。本例中“驳回上诉”和“维持原判”是详述关系,两者表达同一件事实的两个层面,对上诉的负面态度预示了对原判的正面态度。本例分析的重点在于“维持原判”。二审法院在“维持原判”的刑事裁定中,既表达了对原判正面的鉴赏反应,也隐性地表达了对原审法院审判能力的正面裁决,该态度资源处于情感拓扑异化为裁决和鉴赏的临界点处,属于鉴赏和裁决的边界重叠现象,因为对人的作品的鉴赏通常隐含对作品创造者的裁决,可以采用双重标注来标示。同时,根据司法惯例,对原判的鉴赏拓扑异化为对原判事实认定和证据采信的鉴赏,如原判认定的“事实清楚”是对犯罪事实认定的正面反应,“证据确实”是对证据采信的正面反应,“(证据)充分”是对证据构成的正面鉴赏;对原审法院的裁决拓扑异化为对原审法院法律适用、定罪量刑和执行审判程序行为的裁决,如原审法院"适用法律正确"和"量刑适当"是对原审法院法律适用和定罪量刑行为的正当性的正面裁决,"审判程序合法"是对原审法院执行审判程序行为的合法性的正面裁决。这些分散的态度资源形成一个加强型的态度韵律,共同聚合于对原判和原审法院的正面态度,使其既得到事实的支持和证据的证实,也符合法律的规定,有理有据,令人信服。此外,二审法院在刑事裁定时使用概念意义表达对原判的鉴赏和对原审法院审判能力的裁决,可避免司法语篇的主观性和任意性;同时,使用祈使语气来表达施事行为,体现裁判文书语篇具有评判性和施权性的双重权威性。

按照态度系统进行语篇分析,可以呈现语言使用者使用了什么样的态度资源,具有什么样的态度表达倾向,但无法更为系统地呈现这些态度资源之间的关联。通过态度拓扑同化与异化过程,我们能够更为清晰地展现不同态度资源之间的分散与聚合,有助于把握这些态度资源是通过如何协作,更好地服务于语篇的交际目的。

6.5 结　语

语言学研究遵循不完备原理(徐盛桓,2001),系统功能语言学研究也不例外。要理解态度系统范畴化存在的问题,不仅需要从系统自身的类型学视角查找原因,还需要从互补的拓扑视角对其进行探讨和阐释,进而更深刻地挖掘问题产生的根源,而不是片面地进行批判。评价系统是一个开放的动态系统,需要在研究过程中不断地进行修正和完善,态度系统的研究亦应如此。正如贝德纳雷克所言,尽管存在一些不完善的地方,评价系统"仍是目前研究评价性语言最为系统和精细的分析框架"(Bednarek,2006:32),不能低估作为评价系统核心的态度系统在分析评估性语言时的解释力和适用性。

本章从类型学视角下态度范畴化的问题出发,在拓扑视角的关照下,基于态度意义的不确定性和态度范畴化的动态性,考察态度范畴化的依据缺失和态度次级范畴边界模糊等问题,并提出相应的对策。首先,基于范畴的动态演化过程,笔者指出精密度低的态度范畴是次生范畴,它基于原生范畴,即评判对象的范畴化,态度范畴分类具有认识论哲学基础,可信度较高。但是在更高的精密度层级上,态度次级范畴的分类更多地依赖于语境,因此在使用态度系统分析具体语篇的人际意义时,要将演绎法和归纳法结合起来。其次,从态度意义的不确定性和态度范畴的动态生成过程出发,指出态度系统无法呈现范畴间交叉重叠的部分,将三者呈现于拓扑图中,能更好地体现它们之间的区别与联系;态度系统次级范畴的边界模糊性问题主要源于态度范畴的拓扑同化和异化动态过程的临界点;在具体语篇分析时,针对混合和重叠部分可采用双重标注法。

第7章
司法话语多模态研究的现状与未来

7.1 引　言

作为一种社会实践,司法话语主要关注的是司法活动中参与者之间如何通过交际行为进行意义交换的过程。社会符号学家认为,对社会行为与意义表征的解读应包括语言和非语言符号在内的所有表意资源(Jewitt,2016:1),即"模态"。克雷斯和范莱文(Kress & van Leeuwen,2001:4)认为模态是"物质媒介经过社会长时间塑造而形成的意义潜势,是用于表征和交流意义的社会文化资源"。在司法话语中,不仅语言起着重要作用(例如司法文书仅由语言构成),其他表意资源,如图像、声音、身势语(body language)等,也常常被司法活动参与者用于论证观点、实现目的。因此,司法话语往往涉及多种模态,具有多模态属性。近年来远程庭审、司法动画模拟、3D 及 VR(虚拟现实)证据展示等数字技术在司法话语中的应用也极大地改变了以往司法话语中以语言为主的单一交际模式,引起了法学、语言学等不同学科的关注。西方法学界将司法话语中的多模态现象称为"非言语交际行为"(non-verbal communication),并结合心理学与社会学等不同学科对司法活动参与者的非言语交际行为进行了研究(Rose et al.,2010;Findley & Sales,2012)。《劳特利奇法律语言学手册》(*The Routledge Handbook of Forensic Linguistics*)(2010)一书还将多模态研究列入法律语言学的重点研究方向之一。司法话语多模态研究把司法话语中的语言与非语言符号纳入统一分析范畴,将司法活动参与者的表情、手势、声音和相关证物等非语言模态视为与语言同样重要的表意资源。采用多模态分析视角能够克服以往司法话语研究中以语言为中心的局限性,呈现不同模态各自蕴含的意义,以及模态互动所产生的意义,可更加全面、客观地揭示司法话语的意义,展现司法活动的全景。本章梳理现阶段司法话语多模态的研究现状,归纳该领域的研究议题与研究方法,分析现存问题,展望未来发展,以期为司法话语的多模态研究及司法实践提供一定借鉴和启示。

7.2　司法话语多模态研究的主要议题

司法话语多模态研究涉及法学、语言学、多模态分析等多个领域,其研究内容具有广泛性与多样性的特点。本节根据现阶段该领域研究内容的侧重点,归纳出三类主要议题:司法话语多模态的功能研究、司法话语多模态的互动研究和司法话语多模态的批评性研究。

7.2.1　司法话语多模态的功能研究

司法话语多模态的功能研究将司法话语中的不同模态资源作为研究对象,重点关注不同模态在司法话语中的使用特征及其所实现的功能。该类研究最先关注司法话语中的声音模态,主要包括声纹鉴定(涉案人与嫌疑人声纹特征对比)(Hollien,1990;Rose,2002)和声音模态的语用功能(Innes,2007;马泽军等,2017)。近年来,学者对手势模态(gesture)也有关注,如迪比(Deeb,2013)以加州最高法院听证会为语料,分析了检察官如何将手势和声音模态作为元语用资源,用于论证观点。随着多模态研究理论的逐步发展,越来越多的模态被纳入司法话语多模态研究的范畴,例如法庭着装(Isani,2006)、法庭空间布局(Saidi & Charles,2011;Khachan,2012)等。科技的进步也不断将新的模态引入司法活动。例如,达尔伯格(Dahlberg,2013)通过民族志方法分析了瑞典上诉法庭中视频证词的广泛使用对庭审交流及法庭布局的影响;迪穆兰和利科普(Dumoulin & Licoppe,2016)研究了远程视频技术对法国庭审组织方式以及司法实践模式的影响。

总体而言,司法话语多模态的功能研究侧重描述和总结不同模态资源在司法话语中的功能,关注以往司法话语研究中被忽略的模态以及科技发展引入的新模态。但是,这种研究仅把司法话语的多模态视为静态的研究对象。

7.2.2　司法话语多模态的互动研究

相较于静态的司法话语多模态功能研究,司法话语多模态的互动研究侧重对司法话语中的模态资源进行动态研究。该类研究将司法话语视为动态的互动过程,强调具体情景和语境对模态资源使用的影响,着重分析司法活动参与者如何利用不同模态资源表达特定的会话结构并完成互动,以及特定模态资源及其使用模式所产生的不同会话结构与互动类型。

司法话语多模态互动研究重点关注司法活动参与者所使用的模态资源之间的互动,尤其是语言与其他模态资源之间的互动,如图像、声音、凝视(gaze)和身势语(body language)之间的互动。如斯托克(Stokoe,2009)关注了英国警察讯问犯罪嫌疑人的录音过程,分析了该过程如何利用声音模态展现具身行为(embodied conduct),从而为不在场的远程接受者(陪审团、法官等)重现讯问过程中的时空和具身行为特征。Leung(2014)借助及物性系统和评价系统揭示司法活动参与者如何通过语言与手势之间的配合实现概念功能与人际功能。马托西亚和吉尔伯特(Matoesian & Gilbert,2018)基于会话分析方法,分析了在美国刑事庭审中律师如何通过语言、手势和声音模态之间的互动帮助陪审团更好地理解案发时的场景,以达到说服陪审团的目的。该类研究也同样关注不同司法活动参与者之间的模态资源互动,如格拉丁·弗兰岑和阿伦森(Franzén & Aronsson,2013)采用民族志研究方法,分析了瑞典一家未成年犯管教所中教官与未成年犯之间互动,重点关注了互动中语言和多模态互动过程中的序列模式。弗兰切斯基(Franceschi,2017)以南非奥斯卡·皮斯托瑞斯(Oscar Pistorius)案审判为例,对比了庭审互动中多模态资源运用的不同方式,展现了双方律师的不同风格。

综上,司法话语多模态的互动研究强调模态意义通过司法话语互动产生,并随着互动的发展不断变化,是不同模态资源之间相互作用和参与者之间共同协商的结果,因此侧重从情景化、语境化的角度阐释模态资源在司法话语互动中的作用。

7.2.3 司法话语多模态的批评性研究

司法话语多模态的批评性研究旨在结合批评话语分析,考察多模态资源在司法话语中的权利关系构建中的作用。该类研究认为,司法话语中的意识形态、态度和权力操控不仅可以通过语言构建,还可以通过空间布局、手势和声音等模态形式实现。例如,马托西亚和吉尔伯特(Matoesian & Gilbert,2016)通过个案分析,论述了律师在庭审结案陈词中如何运用手势、视线和证物等其他模态来配合语言,共同对庭审中不平等的权利关系进行协商。Du(2016)通过田野调查分析了中国法庭如何被符号性地构建为一个法律场景舞台,揭示了法庭布局如何折射出中国司法体系中的意识形态以及权力关系。

扎帕维尼亚和马丁（Zappavigna & Martin，2018）研究发现，在澳大利亚青少年司法调解协商会中，当事人通过身势语和语言共同构建的身份并非是他们主动和自愿选择的身份，而是为了顺应机构权力者的期望所建构的身份。

通过梳理近年来司法话语多模态研究中的主要议题，可以发现司法话语多模态功能研究与互动研究分别侧重于对模态资源进行静态与动态的微观描述；而司法话语多模态批评性研究则将司法话语中的模态资源置于宏观的社会、文化语境中进行阐释。三类研究议题针对司法话语的不同内容与层面，互有所补。

通过对主要议题的审视，可以看出目前的司法话语多模态研究具有以下特征：① 研究议题多元化。从最初对多模态资源本身的研究，扩展到多模态资源的互动研究，并尝试进一步将司法话语多模态研究与不同的情景、社会和文化因素联系在一起，使得研究议题更加多元化。② 研究对象细分化。这体现在对研究所涉及的模态资源和所关注的司法活动参与者类型的划分越来越细致、明确。③ 研究方法多样化。不仅运用了系统功能语言学、会话分析、民族志研究、批评性话语分析等理论方法，而且结合了静态和动态、微观和宏观等不同分析层面。

7.3　司法话语多模态的研究路径

当下的司法话语多模态研究主要有两种研究路径：一种基于会话分析（Conversational Analysis，简称 CA）；另一种则基于系统功能语言学（Systemic Functional Linguistics，简称 SFL）。基于 CA 的司法话语多模态研究以马托西亚等人基于美国刑事庭审的研究为代表。这种研究路径通过对庭审中多模态资源的定性研究，考察司法话语多模态的会话组织结构及其背后的社会秩序和社会组织结构。基于 SFL 的司法话语多模态研究以詹姆斯·R.马丁（J. R. Martin）及其团队（包括扎帕维尼亚、克莱丽、德怀尔等人）为代表。他们借鉴 SFL 的理论框架和研究方法，选取了澳大利亚新南威尔士州的青少年司法协商会议作为研究对象，将对语言的研究延伸至用于构建意义的其他模态。青少年犯罪司法调解协商会是恢复性司法（restorative justice）的一种重要形式，旨在通过在加害方和受害方之间建立一种对话关系，借加害人主动认罪来消解双方的冲突，从深层次化解矛盾，并通过社区等有关方面的参与，修复受损的社会关系（王振华，2012）。下面我们将分别对两种研究路径进行简要介绍和分析。

7.3.1　基于 CA 的研究路径

基于 CA 的司法话语多模态研究强调模态资源与社会组织结构之间的紧密联系，认为身势语、声音、视觉模态，以及庭审证物（如音频、视频、照片等）在司法话语中的使用都是司法活动参与者用于实现交际目的的互动资源，具有稳定的、重复出现的特征。例如马托西亚等人（2016）通过对一起美国刑事庭审的个案分析，指出检察官在运用语言资源进行庭审辩论的同时，借助手势和视线等模态资源将不同证人对被告的指证相互关联，进而将被告的行为纳入已有判例范畴，以实现对被告定罪的目的。该类方法认为，模态意义是意向性行为的产物，存在于司法活动参与者在社会、文化和物质语境下的实践和具身行为中，并最终通过司法话语中的多模态资源得以显化。正如古德温等人（Goodwin *et al.*, 1986）在研究手势意义时所指出的："通过研究特定事件中的手势，不仅能详细了解事件参与者如何理解该手势意义，而且能了解他们如何将这种意义看作事件所处的社会结构的构成特征。"因此，该类方法侧重分析司法活动参与者利用多模态资源在司法话语实施的行为（action），并据此考察不同模态资源在司法活动中共同构成的话语组织结构，以揭示其背后的社会结构特征。例如，马托西亚（2005）研究了庭审交叉询问阶段中辩方律师用于控制对方证人的话轮设计，以及这种控制如何通过语言与手势、声音等其他模态共同构建的序列结构来实现，揭示了该类序列组织所体现的权力差异。

基于 CA 的司法话语多模态研究继承并发展了 CA 研究方法。该研究路径遵守了 CA 研究中的语料驱动原则，将司法话语多模态视为一种社会行为，沿用了 CA 研究的核心观念，即"社会行为的方方面面都会表现出具有组织性的模式，而且这些模式具有稳定的、重复出现的结构特征"（于国栋、李枫，2009：16），并借助话轮设计、序列组织等核心概念切入研究。例如，洛伦佐-达斯（Lorenzo-Dus，2008）通过研究庭审电视节目语料，发现庭审互动中的冲突序列远多于非冲突序列，证明了庭审互动以冲突为主。马托西亚（2018）研究了包含律师反对行为的庭审问答序列组织，通过分析多模态资源在其中所起的作用，指出了该类序列组织与一般庭审问答序列组织的差异。

基于 CA 的司法话语多模态研究也推动了 CA 研究理论与实践的发展：① 将研究对象从日常生活中的言语互动（talk-in-interaction）扩展到司法话语中的言身互动（talk-and-body-in-interaction）。② 扩展了跨学科视角。CA 作为社会学的一个分支，本身与语言学、心理学、人类学（尤其是民族志方法）等学科存在交叉。基于 CA 的司法话语多模态研究又进一步结合了法学、犯罪学和符号学中的相关理论和概念,对庭审中的模态资源进行了研究。③ 与传统 CA 研究只关注语言序列结构所构成的内部语境不同,基于 CA 的司法话语多模态研究同样关注由物质、文化、社会和心理等因素所构成的外部语境,并强调模态资源在被语境塑造的同时,也会对语境产生影响。例如,马托西亚和吉尔伯特(2018)分析了在美国刑事庭审中律师如何通过语言、手势和声音模态之间的互动将案件重新语境化,以达到说服陪审团的目的。

7.3.2　基于 SFL 的研究路径

基于 SFL 的司法话语多模态研究以 SFL 为理论框架,旨在将语言的组织原则运用于描述其他模态系统,并通过解释模态资源之间的协作以揭示司法话语多模态意义的构建和实现过程。该研究路径借助 SFL 中的元功能、实例化和语篇语义等核心概念和范畴分析多模态所构建的意义。例如,扎帕维尼亚等人(Zappavigna et al., 2010)在 SFL 理论框架下分析了青少年司法协商会议中参与者的身势语与声音互动的三种模式及其作用;罗伊斯(Royce, 2015)应用 SFL 分析框架分析了法律漫画中图像和语言模态之间的互动,并指出虽然现有理论框架一定程度上能够适用于分析不同的模态资源,但仍需进一步拓展以处理更多层次和更为复杂的意义表征。

此外,基于 SFL 的司法话语多模态研究还结合了社会学、拓扑学等其他学科视角,将司法话语中的不同模态资源和司法语境有机地结合起来,探究不同模态资源的功能和组织形式,以及不同模态资源之间的相互作用。例如,扎帕维尼亚等人(Zappavigna et al., 2009)借助耦合(coupling)思想,分析了参与者如何通过身势语和语言的互动将评价意义与概念意义耦合,从而达到情感协商的目的。马丁(Martin, 2009)总结了澳大利亚青少年司法协商会议中不同参与者利用多模态资源所实现的意义模式,并借助社会学中的合法化语码理论(Legitimation Code Theory),根据不同意义模式划分出了青少年当事人所实现的不同身份类型。

基于 SFL 的司法话语多模态研究重点关注不同模态在司法语境中所实现的意义。一方面,该研究路径认为语言之外的模态与语言类似,是一个基于聚合关系的多层级选择网络。在司法活动中,参与者从不同选择网络中作出选择,并最终通过实例化过程(instantiation)表现为不同的模态,以实现特定的元功能和意义。例如扎帕维尼亚和马丁(Zappavigna & Martin, 2018)构建了一个以元功能为导向的身势语系统框架,并利用该框架分析了青少年司法协商会议中参与者利用身势语与语言共同构建的意义。另一方面,该研究路径强调司法语境的重要性,认为模态意义产生于语境,是模态系统与司法语境之间的关联产物。简言之,基于SFL的司法话语多模态研究认为模态的意义来源于使用者在司法语境中的选择,并通过不同模态的特定组织方式得以实现。

7.3.3 讨论

综上所述,基于CA的司法话语多模态研究强调从司法交际活动本身出发,侧重于在微观层面上分析司法话语多模态现象中不易被察觉或者人们习以为常的细节,以揭示这些司法话语中的交际细节背后所隐藏的互动秩序,从而有效地描写和解释司法活动中的社会组织性。而基于SFL的司法话语多模态研究则更注重研究司法语境与司法话语多模态资源之间的互动,强调从宏观层面分析社会文化因素对司法话语中多模态资源使用的影响,解读多模态资源所具有的超越语篇层面的社会功能。尽管两种研究路径的侧重点有所不同,但都围绕着司法话语多模态、司法活动参与者以及司法话语所处的社会语境展开,都属于社会功能视角下的研究;两者相互联系、互为补充,为司法话语多模态研究提供了重要的方法和参照。

目前司法话语多模态研究主要基于上述两种研究路径的现象绝非偶然,这既源于该研究领域的内在特性,又与这两种研究路径共同的优势密切相关。首先,两种研究路径所强调的跨学科视角符合该领域研究的内在要求。司法话语作为一种多模态话语,涉及手势、声音、视频和图像等不同模态之间的相互作用,表意机制十分复杂,其研究涉及多个学科领域。因此单一学科视角下的研究难以充分理解司法话语多模态交际的全过程。同时,司法话语多模态研究又是法律语言学研究的一个分支。法律语言学应用性、综合性、开放性的特点也促使其需要借鉴其他学科的方法与技术(杜金榜,2004:27)。上述两种研究路径提供的跨学科视角不仅丰富了研究的理论依据,而且能够扩大以往司法话语研究的研究视野,提出新问题,从而得到不同以往的答案。这些都有助于在该领域研究中逐步形成非线性的、多元的、整合的思维方式。

其次,两种研究路径都强调司法语境对于多模态资源运用的影响,这有利于应对司法话语多模态的机构话语特性:有明确的机构任务或目标;具有话语权力的不对称性、职业活动程序的制约性、话语选择的策略性和话语推理的特殊性等(吕殊佳、黄萍,2015)。司法语境的特殊性决定了司法活动中交际各方之间沟通的形式和内容。因此,只有在充分理解司法语境如何影响司法话语中的模态资源运用方式的前提下,才有可能更全面地解读司法活动参与者如何使用模态资源来构建、协商意义。另外,值得注意的是,随着研究范围从单一语言模态扩展到多种模态研究,"语境"概念需要得到全新的诠释。因此,这两种研究路径都将"语境"看作是多种符号模式交错组成的连贯统一体(Kress & van Leeuwen,2001:80),取代了原本"指向语篇之外"的语境概念,从而打破了以往司法话语研究中对于语篇和语境的分割,将以往很多传统话语理论所界定的"语境"列入话语分析范围之内,如法庭布局、证物等。

7.4　司法话语多模态研究展望

毋庸置疑,司法话语多模态研究已经取得了显著的成绩。但是,该研究中仍然存在着一定的局限性。本节首先简要概括现阶段该研究存在的问题,然后在此基础上做些展望。

7.4.1　当下司法话语多模态研究中的问题

首先,在理论方面,虽然现阶段的司法话语多模态研究都强调结合不同的学科、理论视角,但在实际分析中仍主要基于语言学理论展开,与其他学科、理论之间的融合和互动不够充分。在具体分析过程中,体现为语言学分析和其他学科理论视角下的分析往往各自独立,各司其职,未能形成合力,因而得出的研究结论很难对不同模态所属学科的理论有所贡献。此外,该领域的研究对于一些共同的核心概念仍然存在不同的理解。以"模态"这一重要概念为例,基于 CA 的司法话语多模态研究并没有对模态进行明确的定义,而是从感官出发,将听觉模态(声音)、视觉模态(手势、照片、花瓶等证物)等都视为研究对象。基于 SFL 的司法话语多模态研究只将作为表意资源的符号系统视为模态,因此将证物等非符号系统排除在研究范围之外。模态的界定对于准确描述多模态资源以及不同模态之间的关系至关重要。正如贝特曼(Bateman,2016)所强调的,模态的定义必须要精确和严谨,否则无助于方法论的发展和可重复性分析的实现。但是,模态作为不同学科中的共同研究对象,应该如何被概念化,又选择什么样的术语对其进行阐释?针对这一问题,不同的研究路径之间仍存在分歧,且现阶段难以判定哪一种更具权威性(Forceville,2014:51)。

其次,在研究方法方面,当下的司法话语多模态研究仍然以基于个案的定性研究为主,缺乏实证性的定量研究。个案研究的优势在于通过细致、综合的分析可以发现个案的语篇特征。但是个案研究所采纳的语料往往缺乏代表性,很难全面揭示司法话语中多模态资源的运用规律,以及不同模态资源的共现模式。再者,因为缺乏实证性定量研究的验证,个案研究的结论不仅很难真正被概括到普遍性的层面上,还使得司法话语多模态研究分析过程显得相当的随意和主观(Jewitt,2016:26)。造成这种现状的原因主要是因为真实司法话语语料的收集具有难度。马丁及其团队的研究主要是围绕着青少年司法协商会议进行的,属于非正式的司法话语研究;马托西亚进行的一系列研究都是借助少量有影响力的美国刑事案件庭审录像为素材,缺乏规模。另一个原因则是因为司法话语多模态研究中涉及的多模态资源种类繁多,因此大规模的定量统计分析需要大量的人力和时间成本,增加了定量研究的难度。虽然很多专门用于多模态分析的软件(如 MMAV、ELAN 等)已经被应用到了实践中(Smith *et al.*,2011;Fei *et al.*,2015;O'Halloran,2018),但这些分析软件并不具备自动标注功能,凡是涉及语义分析的工作仍需依靠人工标注。

最后,在分析角度方面,现阶段的司法话语多模态研究局限于语篇创造者角度下的研究,重点关注模态间的互动,以及模态对于意义的贡献。语篇创造者角度下的研究缺陷在于预设了每个多模态语篇都具有创造者试图表达的意义,并且所有的接受者都会按照创造者的意图来理解。因此,司法话语多模态研究也有必要同时结合语篇接受者角度的分析,关注受众的选择、关注和处理模态资源的能力;并结合心理现实性证据,从多模态语篇的吸引力和复杂性等维度考察受众对多模态语篇的接受情况。(Holsanova,2012)之所以缺乏语篇接受者角度出发的研究,首先是因为受制于司法活动严格的程序规定,司法活动参与者很多情况下无法对对方的话语做出即时回应,所以往往很难直接获取接受者的即时反应。另外,司法话语中涉及的模态资源种类繁多,现阶段司法话语多模态研究只能选取有限的模态进行研究。但接受者无法对不同模态做出独立反应,只能对整个多模态话语做出整体反应。因此接受者角度的分析很难分辨出特定模态的作用,以及特定模态之间的互动机制。

综上所述,当下的司法话语多模态研究不可避免地存在一些不足,这也表明司法话语多模态研究"仍然是一个新兴领域,还有很多方法论发展的空间和需求"。(Björkvall,2012:18)

7.4.2　展望

基于前文归纳出的现阶段司法话语多模态研究中的不足,结合当今数字技术的发展及其在司法活动中的应用情况,可以对该领域未来发展趋势做出如下展望:

首先,司法话语多模态研究还处于起步阶段,下一阶段研究仍将聚焦于理论的探索和创新,主要包括两个方面:一是促进不同学科(如法学、语言学、社会学、认知科学和心理学等)之间的进一步融合,以解决当下研究以语言学研究为主,与其他学科互动不够充分的问题;同时也能更好地协调不同学科中的关键概念,从而厘清该领域中一些原本模糊的概念(如对模态的定义)。二是关注如何将更多的理论视角应用到该领域研究中。例如,随着近年来多模态认知隐喻研究(Forceville,2009;2017)的迅猛发展,如何将认知视角应用到司法话语多模态分析中,与当下以社会功能视角为主的研究形成对话与融合,将会是未来该领域理论探讨的一个热点。

其次,司法话语多模态实证研究将得到有力推进,以应对现阶段研究中最突出的问题:缺乏基于大量真实语料的实证分析(Bateman,2014)。实证研究发展的重要方向之一是开展基于语料库的司法话语多模态研究,打破个案分析的局限,更客观地分析司法话语中多模态运用的特征,并验证司法话语多模态理论模型。司法话语多模态语料库还能应用于司法话语记录、司法话语翻译等司法实践活动中。实证研究发展方向之二是结合更多的实证研究角度。例如,在关注语篇创造者角度研究的同时,结合从语篇接受者角度出发的司法话语多模态实证研究,利用问卷调查、访谈、测试等传统方法,辅以眼动仪、事件相关电位(ERP)等实验设备和机器学习的手段,考察司法活动参与者对司法话语多模态的认知和接受度。例如,最新针对审讯业务场景定制化设计的多模态智能情绪分析系统能通过深度学习的方式进行人脸图像分类和微表情识别,并在此基础上通过其核心算法系统分别对生理信号、文本语义信号、人体姿态信号、语音声纹信号、面部表情信号等多模态语义进行分析和关联,将单一模态中的语义信息对情绪变化的反映程度进行融合、对应,从而更加精确地推理出语篇接受者的情绪心理状态。从不同角度出发的实证研究不仅有助于验证对多模态话语解读的认识,还能为进一步探讨多模态话语的意义构建提供客观理据(冯德正等,2014:94)。实证研究发展方向之三是在司法话语多模态共性研究的基础上,关注司法话语中的多模态资源在特定法律体系与文化中的使用特征。在全球化背景下,司法活动参与者往往具有不同的文化背景。通过对比司法话语中的多模态资源在不同法系、文化中的使用和理解模式之间的差异,有助于消除司法话语中因文化差异而引起的误解,确保司法话语的效率和质量。

最后,数字技术的发展对司法话语方式和过程的影响愈发明显,司法话语的复杂性也随之增加,如何应对科技发展给司法话语多模态研究带来的挑战将会成为该领域的重要议题。新技术在司法话语中的应用不仅会为司法话语引入新模态,也会改变传统模态的使用方式,新的模态关系也随之产生,从而使得研究对象更为复杂。另外,科技的发展会影响司法话语中模态的意义潜势。正如克莱斯和范莱文(2001:54)所说:"媒体不仅仅展现语篇的意义,也会增加语篇的意义。"科技的发展还可能会改变当下司法活动的程序及组织形式,导致新的司法话语语类的产生。这些科技发展所带来的潜在影响都对司法话语多模态研究理论的发展和方法的改进提出了挑战。

7.5 结 语

司法话语多模态研究将语言之外的模态纳入研究范围,为司法话语研究提供了新的理论和分析视角。为了更好地了解该领域的研究现状,本章对该领域现有研究进行了反思,归纳了现阶段司法话语多模态研究中三类主要议题;总结出了当下两种主要研究路径:基于 CA 和基于 SFL 的研究;并针对现阶段该领域研究中存在的问题,对其未来的发展方向进行了展望。正如马托西亚(2010:541)所指出的,"单独研究司法话语的语言很难看到司法话语中意义构建与交际的全貌"。通过对研究现状的反思可以发现,司法话语多模态研究不仅为司法话语研究提供了一个新的理论视角,也能在司法语境中验证多模态理论的适用性,从而帮助法律语言研究者推进法律语言学和多模态研究的理论发展,加深跨学科间的交流。另一方面,司法话语多模态实证研究能为不同司法场景中的实践活动提供借鉴,为提高司法效率提效赋能。因此,未来司法话语多模态研究的蓬勃发展将更好地实现法律语言学探究司法话语本质的学术使命,并助力司法实践、实现司法公平正义的社会价值。

第三部分

适用立地之司法语篇辨义

　　司法话语的适用研究不可避免地涉及对具体法律语篇的分析。本书第三部分旨在将语言学理论落地,运用理论知识辨析具体法律语篇,将理论置于司法话语语境中,进一步剖析司法语篇的形式与功能。第8章通过对《中华人民共和国宪法》进行语类分析来阐释其主要交际目标是如何实现的。第9章以《中华人民共和国婚姻法》为研究对象,在分析其语篇语义的基础上探讨法律语篇作为社会过程的具体功能实现。第10章以刑事法庭辩护为主体,在态度系统的框架下研究汉语刑事辩护词的态度资源,并归纳在刑事辩护词中不同语类阶段内态度资源的分布。

第8章
《宪法》的语类研究

8.1 引　言

　　法律语言同其他语言一样,是我们在特定的社会文化背景下长期使用形成的一种具有特殊用途和自身规律的语言变体。法律语篇具有独特的交际目的,这种独特的目的通过独特的语类结构实现。在我国已有的法律语言研究中,学者关注的多是对法律语言的词汇、句子,以及修辞的考察,对法律语篇的宏观结构的研究相对较少。

　　《中华人民共和国宪法》(以下简称《宪法》)是我国具有代表性的汉语立法语篇,除了具有宪法的一般特征外,还具有符合我国社会制度、法律制度及历史文化的特征和内容。《宪法》语篇的交际目标主要是定义国体和规定公民的权利和义务。那么这些目标是如何实现的呢? 这样的实现模式又有什么意义呢? 本章通过对《宪法》进行语类理论分析来回答这些问题。

8.2 语　类　理　论

　　目前,在语言学研究领域里较流行也是较成熟的语类理论当数约翰 M.斯维尔斯(John M. Swales)(1990)的学术语篇语类理论和詹姆斯 R.马丁(James R. Martin)的系统功能语言学框架下的语类理论。前者重实践,将语类理论应用于对学术语篇的分析和研究;后者重理论建构。马丁受巴赫金言语语类(speech genre)理论的影响,在系统功能思想框架下,不仅建构了系统功能语言学的语类理论,而且建构了不同语类之间关系的系统网络(参见 Martin &

Rose，2008）。本章采用马丁的语类理论为分析框架。

语类（genre）是某一特定文化中的语言使用者为达到某些交际目的进行的言语活动，具有阶段性和目的指向性。马丁（Martin，1992/2004）认为在系统功能语言学里，语类和语域分别指语篇的文化语境和情景语境，是两个独立的交际层面。语类是高于语域的符号系统。语类由语域体现，语域由语言体现。语域本身由语场、语旨和语式组成。语场、语旨和语式又分别由概念、人际和谋篇三个元功能表达。另外，马丁（1992：505）把文本结构（text structure）称作语篇的"图示结构"（schematic structure）。"图示结构"代表了语篇生成过程中语类所起的积极作用，显示了语类的阶段性和目的指向性特点。

笔者采用图示结构和语言实现模式相结合的办法分析《宪法》的语类结构，综合考察其交际目标实现的规律。在分析图示结构时，重点分析语篇结构中语类的阶段性和目的指向性。在分析语言实现模式时，主要考察实现阶段性和目的性的语言特点。

8.3 《宪法》的目的指向性和阶段性分析

语类是一种具有阶段性和目的指向性的社会过程（Martin，1992：505；Martin & Rose，2003/2007：7）。《宪法》这一社会过程的目的指向性在于，它规定了中国国家的最根本的政治、经济和社会制度，中国公民的基本权利和义务，以及中国国家机构组织和活动的基本原则。通过这些规定，在法治的基础上管理国家和社会事务、协调社会内部各种关系、规范人们的行为、维护社会稳定、保障国家机构正常运转，并为其他各种法律提供立法的依据。

《宪法》的语类阶段性不同于《宪法》的形式结构。《宪法》的语类结构指由宪法内部各功能要素的相互作用而组成的内部构造。《宪法》的形式仅是宪法赖以呈现的表层结构，不能说明内部各功能要素的相互作用。《宪法》的形式标识和功能标识如表8-1：

表 8-1　形式标识 VS 功能标识

形 式 标 识	功 能 标 识
标题 目录 序言	概括 定性

（续表）

形 式 标 识	功 能 标 识
第一章 第二章 第三章 　　第一节 　　第二节 　　第三节 　　第四节 　　第五节 　　第六节 　　第七节 第四章	规定

　　《宪法》的形式标识强调的主要是语篇里每个成分要素之间的共性和同一性（如章节顺序），其功能标识强调的主要是统一性框架下各成分要素自身的个性。

　　表 8-1 左栏显示，语篇的形式结构分标题、目录、序言和章节。章节用序数词按顺序排列，格式前后一致，强调了形式的共性和同一性。

　　表 8-1 右栏是《宪法》语篇实现其目的的阶段（stage）。每个阶段对实现语篇的社会目的都起独立作用，每个作用都具有个性。概括，指有关《宪法》的基本信息，包括标题、目录、实施时间和修正依据，其顺序是"标题＋实施时间/修正依据＋目录"。定性，指给《宪法》定性，由"序言"实现。在回顾中国现代历史和说明中华人民共和国国体的性质后，"序言"给《宪法》定了性："本宪法……是国家的根本法，具有最高的法律效力。全国各族人民、一切国家机关和武装力量、各政党和各社会团体、各企业事业组织，都必须以宪法为根本的活动准则，并且负有维护宪法尊严、保证宪法实施的职责。"规定，指《宪法》正文中的规定性条款，包括第一章到第四章。第一章（"总纲"）规定国家的性质、权力和义务；第二章规定公民的权利和义务；第三章规定国家机构的组成成分及其任务和职责；第四章规定国旗、国徽、国歌和首都。

8.4　《宪法》的语言实现模式

　　语类是通过语言实现的。"不同语类的文本将呈现不同的词汇—语法选择，展现出不同的词语和结构。"(Eggins，1994：42)目的不同，语类种类不同，实现不同语类的模式也不同。(Martin & Rose，2008)《宪法》是典型的立法语类。我国的《宪法》文本分三个阶段来实现其社会目的：概括、定性和规定。每个阶段又都具有其自身的次目的和实现次目的的阶段。

8.4.1　概括及其语言实现模式

概括是实现《宪法》交际目的的第一个阶段。其目的指向性是介绍跟宪法有关的背景信息。这一目的指向性的实现分三个阶段，标题、实施与修正、目录。

标题，即"中华人民共和国宪法"，是对宪法文本在意义上的高度概括与抽象。读者即读即明该文本为立法语篇，且在立法主题上又不同于其他立法文本。语言模式是名词词组，由专有名词"中华人民共和国"和一个法律专业术语"宪法"组成。前者为修饰语，后者为中心词。该修饰语的功能是分类和身份（identity）确认，说明该宪法的类别是"中华人民共和国的宪法"，而非其他国家的宪法。使用名词词组而非其他语言手段，是该文本的语场决定的。该文本谈的是"物"（thing）而非"事件"（event）。另外，名词词组入篇后，在谈"物"的大语篇中具有"序言性"（王振华，2003），起统领文本的作用，制约文本语类后续阶段的发展及其语言实现模式的选择。

实施与修正，指在"标题"下方括号内的颁发和实施日期以及颁布机关的名称，是标题序言性的结果之一，其目的是交代现行《宪法》的来源。实现这一目的的语言模式是数字（如 1982 年 12 月 4 日、第五届、第五次）和事实（如全国人民代表大会公告公布施行），和依据（如依据……修正）。这些语言实现模式使背景信息具有很强的说服力和可信度。"依据"的说服力和可信度来自它的客观性，但同时传递了"推卸责任"的含意，这是个语言悖论。"依据"在第三章里使用颇多，其功能主要是"规定"，即宪法规定国家机构施行权力时要有章可依，以此规定它们的权力范围。另外，这部分背景信息还有两个语言特点："目标"（goal）缺失和句末无标点。原文如下：

（1982 年 12 月 4 日第五届全国人民代表大会第五次会议通过 1982年 12 月 4 日全国人民代表大会公告公布施行

根据 1988 年 4 月 12 日第七届全国人民代表大会第一次会议通过的《中华人民共和国宪法修正案》、1993 年 3 月 29 日第八届全国人民代表大会第一次会议通过的《中华人民共和国宪法修正案》、1999 年 3 月 15 日第

九届全国人民代表大会第二次会议通过的《中华人民共和国宪法修正案》
和 2004 年 3 月 14 日第十届全国人民代表大会第二次会议通过的《中华
人民共和国宪法修正案》修正)

引语共三句,但都没有句号。另外,每句过程动词要求的"参与者"也没出
现,即"通过""公布实施"和"修正"之后的"目标"("中华人民共和国宪法")均
缺失。"目标"缺失和无句号使文本简捷,但是,也会导致歧义,因此它们是法
律文本撰写的大忌。

"目录"和标题一样具有序言性。目录是正文的概括和总结。标题篇幅
短,传递的信息量有限,所含信息是高度概括后的浓缩信息,因此,标题需要展
开并补充和细化。目录是细化标题的手段之一。细化的方法是罗列文本涉及
的主要内容。这种罗列不是随意为之,而是有选择地按顺序排列,顺序不同,
意义不同。如,在 1954 年的《宪法》目录中,"公民的基本权利与义务"是放在
"国家机构"一章之后的。而在现行的宪法里,顺序刚好相反。这种顺序的调
整意味着立法机关更加注重公民的基本权利和义务,是法制的进步。目录的
目的指向性在于引导读者进一步了解和认识标题的内容。

8.4.2 定性及其语言实现模式

定性是实现《宪法》交际目的的第二个阶段。定性由"序言"承载,其目的
指向性是给《宪法》定性:

> 本宪法以法律的形式确认了中国各族人民奋斗的成果,规定了国家
> 的根本制度和根本任务,是国家的根本法,具有最高的法律效力。全国各
> 族人民、一切国家机关和武装力量、各政党和各社会团体、各企业事业组
> 织,都必须以宪法为根本的活动准则,并且负有维护宪法尊严、保证宪法
> 实施的职责。

对《宪法》的定性集中出现在"序言"的最后一段,是宏观新信息(Macro-
New),是对它之前语篇相(即中国的过去、现在和未来)传递的信息的浓缩而
非总结(参见 Martin & Rose,2003/2007)。分析如下:

中国的过去。中国的过去首先由宏观主位"定位定向",再由超主位拓展。
"序言"第 1 段是宏观主位(因为"具有光荣的革命传统"在意义上暗指"历
史")。接下来的 2、4、5、6 段中的段首语是超主位,即"一八四〇年以后"……,

"一九一一年"……,"一九四九年"……,"中华人民共和国成立以后"……。第3段"二十世纪,中国发生了翻天覆地的伟大历史变革"相对宏观主位来说,它是超主位,拓展宏观主位,但相对之后的三段来说,它又是宏观主位,分别由以下三段的主题句(超主位)拓展、细化和详述。但是,整体上讲,这五个自然段的超主位拓展和详述了第一段。

中国的现在和未来。"现在"和"未来"没有宏观主位引导,基本是按主题分段并对比陈述。具体分析看表8-2:

表8-2 现在和未来语篇相

段落	现 在	未 来
8	在我国,剥削阶级作为阶级**已经消灭**,	但阶级斗争**还将**在一定范围内长期**存在**。中国人民对敌视和破坏我国社会主义制度的国内外的敌对势力和敌对分子,**必须进行**斗争。
9	台湾**是**中华人民共和国的神圣领土的一部分。	【**因此要**】**完成**统一祖国的大业是包括台湾同胞在内的全中国人民的神圣职责。
10	社会主义的建设事业**必须依靠**工人、农民和知识分子, 在长期的革命和建设过程中,**已经**结成由……的爱国统一战线, 中国人民政治协商会议**是**有广泛代表性的统一战线组织……	【**因此要**】团结一切可以团结的力量。 这一统一战线**将继续**巩固和发展。 今后在国家政治生活/社会生活和对外友好活动中,……,**将进一步发挥**它的重要作用。
11	中华人民共和国**是**全国各族人民共同缔造的统一的多民族国家。……	在维护民族团结的斗争中,**要**反对大民族主义,……。国家**尽一切努力**,促进全国各民族的共同繁荣。
12	中国革命和建设的成就是同世界人民的支持分不开的。中国的前途是同世界的前途紧密地联系在一起的。	【**因此**】中国【**要**】坚持独立自主的对外政策……。

对比和因果手段用于中国的"现在"和"未来",并且,"现在"和"未来"成对地出现同一语篇相(phase)里。这种语言行为使语篇紧凑严密。此外,"序言"部分的语言模式还有以下特点:

(1)通篇采用陈述句。该部分共有76个小句,全部为陈述语气。以过程动词计有 77 个过程类型,物质过程小句居多(45 个);关系过程小句次之(26 个)。另外还有 5 个存在过程小句和 1 个心理过程小句。就小句主位而言,有 36 个无标记主位,11 个有标记主位(其中,7 个表示时间,3 个表示连接,1 个表示地点)。

(2) 情态词语较多。共 5 个:最、显著、明显、最高、必须。

(3) 评价词语较多。共 18 个:历史"最悠久的";"光辉灿烂的"文化;"光荣的"革命传统;"封建的"中国;"半殖民地半封建的"国家;"英勇"奋斗;"伟大"历史变革;"艰难曲折的"武装斗争;"伟大"胜利;"人剥削人的"制度;"侵略、破坏"和"武装挑衅";"敌视"和"破坏";"神圣"领土;"神圣"职责。

陈述句在这部分的作用是描写"过去",陈述"现在",展望"未来"。"过去"主要与事件有关,因此描写时多用物质过程小句。"现在"主要与事态相关,因此陈述时多用关系过程小句。"未来"与要做什么相关,因此,展望时多用物质过程小句。因此,在"序言"部分里,物质过程小句和关系过程小句居多。

另外,"序言"里出现的评价词语和情态词,跟描写的对象有关。评价词主要跟中国的"过去"有关,如"中国各族人民共同创造了'光辉灿烂的'文化,具有'光荣的'革命传统。"情态词语主要跟中国的"未来"有关,如"全国各族人民、一切国家机关和武装力量、各政党和各社会团体、各企业事业组织,都必须以宪法为根本的活动准则,并且负有维护宪法尊严、保证宪法实施的职责。"

评价语言是写者/言者对所涉及的人、事、物的态度和情感上的表达(Martin,2000;Martin & White,2005;王振华,2001),一般不适用于立法语篇。"序言"中出现这些语言现象,因为"序言"不是《宪法》的正文,而是独立于宪法主体内容外的那部分概括性内容①。不难看出,在宪法制定过程中,制宪机关对我们国家、我国各族人民、我国政党、我国政府及领袖人物的奋斗历程和胜利成果予以确认和赞扬。这样做可以教育后人,并能使人们振奋精神,发奋图强,达到一定的社会效果。(周叶中,2001:120)

在其他立法文本里是没有"序言"的,多数是在第一章的第一条里说明立法的目的和/或依据,如《中华人民共和国民法通则》的第一章第一条:"为了保障公民、法人的合法的民事权益,正确调整民事关系,适应社会主义现代化建设事业发展的需要,根据宪法和我国实际情况,总结民事活动的实践经验,制定本法。""序言"是《宪法》和其他法律文本在语篇结构上的一大区别。

---

① 就语类结构来讲,序言本身就是一个独立的语篇,拥有自己的语类结构。

8.4.3 规定及其语言实现模式

规定是实现《宪法》交际目的的第三个阶段,由第一至第四章承载,分别以章、节、条的形式和顺序规定国家的权力和义务,公民的权利和义务,国家机构的组成成分,国旗、国徽、国歌的内容和首都的所在地。

针对概括[即语篇的宏观主位(Macro-Theme)]来说,规定是宏观新信息(Macro-New)。概括是规定的概括,规定是概括的具体化。二者的关系可以类比为"A 是 B"这样的分类性关系过程小句(classifying relational process),具有可逆性(reversibility)。(Halliday,2000)规定与定性的关系也可比喻为关系过程小句,但不是分类性,而是描述性的(attributive),即定性是规定的定性,规定是被定了性的规定,具有不可逆性(irreversibility)。

规定分四个阶段实现:总纲、公民的权利和义务、国家机构、国旗、国徽、国歌和首都。这四个阶段的关系是并列的,前者对后者没有"序言性",形式和意义上没有必然联系,是概括的四个分支终端,分别具有独立性。

8.4.3.1 总纲

在"总纲"里,《宪法》规定了国家的性质、体制(第一条),国家权力(第二条),国家机构(第三条),民族政策(第四条),法律制度(第五条),经济制度(第六至十八条),以及教科文卫与计划生育政策(第十九至二十六条),国家机关(第二十七条),治安与国防(第二十八至二十九条),行政区划(第三十条至三十一条),中国境内的外国人的权利和利益(第三十二条)等相关的事宜。

"总纲"共有 140 个小句,其语言实现模式如下:

人际意义方面:138 个陈述语气小句,2 个祈使语气小句,都以"禁止"启句。另外,带有极性词语的小句有 20 个,其中,8 次使用"任何",10 次使用"都",6 次使用"一切"。带有情态词语的小句 18 个,其中有"禁止"(7 个)、"不得"(3 个)、"必须"(6 个)、"经常"(1 个)、"必要时"(1 个)五个情态词语。使用的评价性词语主要有"破坏""歧视""压迫""制造民族分裂""剥削""侵占""非法转让""神圣不可侵犯""扰乱""反革命的""犯罪""危害社会治安"等。

概念意义方面:"总纲"中使用了 100 个物质过程小句,33 个关系过程小句,5 个心理过程小句和 2 个行为过程小句。

谋篇意义方面:无标记主位 136 个,有标记主位 4 个。

8.4.3.2 公民的基本权利和义务

在《公民的基本权利和义务》一章里,立法者用书面形式共列出 24 条规定,其意图和目的是规定公民的基本权利和义务。在这 24 条中,第三十四条至第五十条规定了公民的基本权利(第四十二条、第四十六条和第四十九条中权利和义务并存),第五十一条到第五十六条规定了公民的义务。

语言分析结果是,整个章节共有 81 个小句。人际意义方面,陈述语气小句 79 个,祈使语气小句 5 个(全部以"禁止"启句)。极性词语 17 个,其中,"任何"出现 10 次,"不受"出现 5 次,"一切"和"都"分别出现 1 次。情态词语 18 个,其中,"必须"出现 3 次,"不得"出现 8 次,"禁止"出现 6 次,"应当"出现 1 次。鉴赏类评价有 3 处。其中,"正常"1 次,"光荣"2 次;判断类评价有 13 处,主要是"利用……破坏……损坏……妨碍……""非法拘禁、非法剥夺……非法限制……""非法搜查""侵犯""侮辱、诽谤、诬告、陷害""非法侵入""违法失职""捏造、歪曲、诬告、陷害""压制、打击、报复""损害"等表述。被动语态共出现 8 处。概念意义方面,物质过程小句 53 个,关系过程小句 27 个,心理过程小句 1 个。谋篇意义的统计结果是,无标记主位 69 个,有标记主位 12 个。

规定权利产生亲近感,规定义务产生疏离感。立法者在表达和谋篇布局上都使用了有效的策略。立法者以亲和为主,疏离为辅。这一点首先表现在权利和义务条款的顺序安排上。立法者把有关权利的条款放在前面,把有关义务的条款放在其后,这种安排说明,立法者充分考虑了公民的接受能力和心理反应。这从权利和义务的条款数量上也能反映出来。有关权利的条款有 17 条,有关义务的只有 6 条,权利条款远远多于义务条款。从语言策略上看,在规定权利时使用的基本是陈述语气(97 个),并很少使用情态词语(即便有情态词语,那也是为了阻止影响公民权利行为的发生,并非为规定公民的权利而用)。但在规定义务时,情态词语和极性表达出现在每个条款中,如第五十一条和第五十四条中用了"不得",第五十二、五十四、五十六条中使用了"有",第五十三条中用了"必须",第五十五条中使用了"是"。"有"和"是"在极性中是正极,其意义是百分之百的肯定,口气是不容置疑的。如:"中华人民共和国公民**有**维护国家统一和全国各民族团结的义务。""中华人民共和国公民**有**依照法律纳税的义务。""保卫祖国、抵抗侵略**是**中华人民共和国每一个公民的神圣职责。""必须"和"不得"是情态词语中两个表达强烈义务(obligation)的词语。这体现了文本生产者以强烈的命令口气作出这样的规定。

8.4.3.3 国家机构

这一章里分七节介绍了八类国家机构: ① 全国人民代表大会(第五十七条至第七十八条),② 中华人民共和国主席(第七十九条至第八十四条),③ 国务院(第八十五条至第九十二条),④ 中央军事委员会(第九十三条至第九十四条),⑤ 地方各级人民代表大会和地方各级人民政府(第九十五条至第一百一十一条),⑥ 民族自治地方的自治机关(第一百一十二条至第一百二十二条),⑦ 监察委员会(第一百二十三条至第一百二十七条),⑧ 人民法院和人民检察院(第一百二十八条至第一百四十条)。《宪法》在这一章里规定了这八类国家机构的性质、组成、权力、职责、成员的任职期限、成员的任免程序等。

"国家机构"共有小句 280 个。人际意义统计得出陈述语气小句 280 个;情态词语有 33 处,其中"应当"出现 12 次,"不得"出现 8 次,"可以"出现 7 次,"必须"出现 5 次,"必要的"出现 1 次;极性词语有 13 处,其中"不"出现 5 次,"都"出现 3 次,"最"出现 3 次,"一切"和"一律"分别出现 1 次;评价资源有 100 处,其中,评价/态度 12 处,"适当"出现 3 次,"不适当"出现 6 次,"自主地"出现 2 次,"模范地"出现 1 次;评价/介入 5 处,"如果……"出现 3 次,"但是"出现 1 次,"非经……"出现 1 次;评价/级差(多为状语)85 处,表方式 39 次,表时间 26 次,表范围 22 次,表条件 1 次,表目的 1 次,表频率 1 次。

概念意义统计可知物质过程小句 195 个,关系过程小句 46 个,心理过程小句 21 个,行为过程小句 2 个,言语过程小句 16 个。

语篇意义统计可知无标记主位 215 个,有标记主位 65 个。

8.4.3.4 国旗、国歌、国徽、首都

"国旗、国歌、国徽、首都"共三条内容(第一百三十六条至第一百三十八条),规定了四者的识别特征(identity)。本章共 5 个小句,全部是陈述语气、关系过程和无标记主位。使用陈述句跟"规定"有关。这里的规定是国旗、国歌和国徽是什么,首都在哪里。表达这种规定只能用陈述语气。使用关系过程小句,主要跟本章的标题所指的概念有直接关系。国旗、国歌、国徽和首都全是无灵实体。作为参与者,它们不用去"做""想""言",因此,它们只能出现在关系过程小句或存在过程小句里。使用无标记主位是因为,要说明国旗、国歌、国徽和首都是什么,它们都是已知信息。另外,5 个小句都是识别类关系过程小句,起分类作用,因此,关系过程两侧的参与者是可以换位的。例如,我们可以说:五星红旗是中华人民共和国国旗;《义勇军进行曲》是中华人民共和国国歌;中间是五星照耀下的天安门【和】周围是谷穗和齿轮【的东西】【是】中华人民共和国国徽;北京是中华人民共和国首都。

8.4.4 讨论

结合对《宪法》语料的分析,我们可以看到:

第一,五个阶段的排序表达出语篇参与者如何达到了语篇的交际目标,即各阶段之间有先有后的密切关系。阶段一为该语篇限定了主题:"宪法",以下

每个阶段都应围绕这个大方向展开,从而保证整个宪法语篇的生成,达到所要的交际目的。阶段二使阶段一具体化,弥补了阶段一显示的过于笼统的概念,起到一个提纲挈领的作用。阶段三在前面阶段的基础上,对以下的阶段(即正文)起到统率和指导作用,是《宪法》的开篇。其间对历史事实的记载有教育后人、振奋精神的功能,也发挥了一国根本法的社会效应。阶段四是阶段三中部分内容的具体化,因为采用法律条款的语言表现形式,所以具有规范性法律效力,并能具体适用。这一阶段的内容是一个国家立国之根本,体现了《宪法》作为我国根本法的特点,在整个宪法语篇中具有承上启下的重要功能。最后一步又是阶段四的内容的具体化,具体规定了公民的基本权利和义务,国家机构设置、权限和活动原则等,直接成为我国其他法律法规的立法基础。作为我国宪法的实体内容,阶段五发挥着宪法规范的作用。总之,《宪法》语篇的五个阶段井然有序、各司其职、相互作用、环环相扣,最终达到了建立一国根本法,并在法治的基础上规范社会行为,维护社会稳定的目的。缺少任何一步都会使交际中断,不能达到预期的交际目标。

第二,在讨论我国现行宪法每个阶段的功能时,我们有意参照了其他国家宪法(具有成文宪法的国家)的结构,发现"目录"是一个可选择的阶段,有些宪法不包括此阶段。例如,美国是世界上第一个使用成文宪法典的国家,《美利坚合众国宪法》的语篇就是从"标题"直接过渡到"序言"的。除此之外,还有《德意志联邦共和国基本法》《新加坡共和国宪法》《葡萄牙共和国宪法》《日本国宪法》等在这一点上也都和美国的宪法相同。使用"目录"部分是我国宪法语类结构的特点之一。特点之二是我国宪法在"序言"中含有对历史事实的记载,有利于教育后人、增加民族凝聚力。这在其他使用成文宪法的国家宪法序言里虽有例证(如《葡萄牙共和国宪法》序言),但为数不多。如美国、日本、菲律宾宪法,法国 1958 年宪法,斯里兰卡 1978 年宪法,蒙古国宪法等宪法的序言中都未出现历史事实的记载。特点三是,我国现行宪法不含有"最后规定"的阶段,这个阶段是宪法正文的"附则"或"补则"。例如,波兰 1952 年宪法第十章,委内瑞拉 1961 年宪法第十二部分,日本 1946 年宪法第十一章等。(周叶中,2000:122)

第三,在讨论每个阶段的语言实现形式时,我们发现每个阶段根据其语篇功能,具有各自的语言实现形式:阶段一是由一个名词词组来表现,阶段二虽然同样由名词词组实现,但因为是阶段一的具体化,发挥的功能有差别,因此采用了并列名词词组稍微复杂的语言形式。例如,"人民法院和人民检察院"。阶段三中关系过程小句与物质过程小句比例的持平和"光辉灿烂""前仆后继"

"伟大"等评价性词语的大量出现不仅符合其作为独立于宪法正文的叙述性特征,而且体现了我国宪法序言语言表达的特点。阶段四和阶段五都是以法律条款的形式表现了宪法规范。这两个阶段中的语言特点符合宪法作为我国根本法的立法语篇所具有的高度规范性法律效力。如采用含有意态词"禁止""必须""不得""可以"和"应当"的表祈使语气的小句,含有"(享)有……权利""有……义务"等词来直接表达权利和义务的关系过程小句以及深刻体现汉语法律规范"能做"与"不能做"的语言表达特点的物质过程小句。由此,可以说同属我国宪法这个立法语篇的阶段,交际目的也相同,但因有着不同的语篇功能使得它们的语言实现形式也各不相同。

8.5 结 语

本章通过语类理论对我国《宪法》进行分析和讨论,总结出了《宪法》的语类结构模型为"概括^定性^规定"。该模型的三个组成部分是实现《宪法》交际目标的三个阶段。每个阶段在实现交际目标这个统一性框架下各自都具有自身的个性。另外,在讨论《宪法》标题和"序言"时,我们验证了笔者在《介入:言语互动中的一种评价视角》(2003)一文中提出的语篇中的"序言性"功能。笔者认为,"序言性"是任何语篇都具有的阶段,在立法语篇中更明显和常见。

另外,在分析和讨论的过程中,笔者发现《宪法》语篇中使用陈述句居多。陈述句本身具有概念意义、人际意义和谋篇意义。在立法语篇中,陈述句传递的概念意义具有法律约束力,这种约束力是没有协商余地的法律约束力,因此这种陈述句的人际意义有别于非法律语篇中陈述句的人际意义。一般而言,陈述句句子成分的排列顺序是主语在前谓语在后,句末的标点是句号。这种序列的人际意义是,语言使用者是信息源、陈述者、说服者、统战者、责任人和权势者。相对来说,语言接收者(读者)尽管可以质疑,但仍然是信息的被动接受者和消化者。

图示结构和语言实现模式相结合的分析方法对研究立法和司法语篇都有一定的启示作用,它不仅考察语篇的整体性,更考察语篇的整体性如何生成语篇的不同部分,对把握整体语篇全貌有一定的指导意义。

第9章
作为社会过程的法律语篇与概念意义研究
——以《中华人民共和国婚姻法》为例

9.1 引　言

　　自法律语言研究于 20 世纪末形成一门独立的学科以来,对法律语篇的研究进展得如火如荼,相关研究成果也层出不穷。在对法律语言的诸多研究方法中,语篇分析已成为主要研究手段(吴伟平,2002;杜金榜,2004)。语篇是意义的单位,是语言使用者赖以进行交际活动,并实现其目的的社会过程。法律语篇是语篇的一种,亦是一种特殊领域内的社会过程。法律语篇作为社会过程,通过在个人、团体和机构之间调节竞争,解决冲突,规范行事的准则,促进顺应与合作,旨在实现社会的同化与和谐。

　　从语篇语义学的角度来看,社会过程是通过语类得以实现的。语类是意义的配置(Martin & Rose,2008:231),其本身也是一种以目的为导向的、分阶段的社会过程(Martin,1992:503;Martin & Rose,2003:7-8)。语类将语域中的语场、语旨和语式这三个变量所生成的意义进行整合,使之成为在系统上彼此关联的社会过程(Martin,1992:495)。

　　本章根据马丁的语类理论,将法律语篇视为社会语境下实现社会过程的语言类型;同时,在系统功能语言学理论的指导下,将识解语篇经验意义的概念(ideation)系统和探究语篇内部逻辑关系的联结(conjunction)系统作为分析法律语篇概念语义的两个系统,以《中华人民共和国婚姻法》为例,探索作为社会过程的法律语篇的六个特征:竞争、冲突、选择、顺应、合作和同化(Hinkle,1966:XIII,XVII;Cooley,1966;王振华、田华静,2017),及其在法律语篇中实现的规律。

9.2 概念语义相关理论

本文的理论基础为马丁的语篇语义学理论。该理论最初由马丁在 1992 年出版的《英语语篇：系统和结构》(*English Text: System and Structure*)一书全面系统地提出，并在 2003 年与戴维·罗斯(David Rose)合作的《语篇研究：跨越小句的意义》(*Working with Discourse: Meaning Beyond the Clause*)一书中得以发展和完善。语篇语义学理论继承了韩礼德的系统功能语言学经典理论，将词汇语法层的系统功能研究上升到语篇语义层，主要着眼点为构建语篇的各种语义资源。

语篇语义学理论提出了语篇语义层面的六大系统：协商(negotiation)、评价(appraisal)、概念(ideation)、联结(conjunction)、识别(identification)和格律(periodicity)。其中，与概念语义相关的是概念系统和联结系统。下面对这两个系统逐一进行简要介绍。

9.2.1 概念系统

概念系统识解语篇的经验意义。该系统主要关注语篇所表达的内容，通俗地说，就是什么样的参与者在什么样的环境下进行了什么样的活动，并关注上述元素之间的联系，如参与者之间的关系、过程与不同参与者之间关系的紧密程度、事件发生的顺序等等。概念系统主要着眼于语篇中的词汇项，随着语篇的展开，语篇中的词汇项彼此关联、彼此照应，形成了分类关系(taxonomic relations)，具体包括重复(repetition)、同义(synonymy)、对照(contrast)、类别(class)、部分(part)这五种关系。语篇中的任一词汇项都可以看作是设置了某个语场，在这个语场中以某种分类关系与其他词汇项进行跨越小句的互动。

在小句内部，各个词汇项通常是以小句的过程为中心产生互动关系，这种关系称作核心关系(nuclear relations)。核心关系体现了小句各成分在经验功能层面的重要程度。马丁和罗斯(2007：66-95)认为，过程及体现过程的范围(range)占据小句的中心(centre)位置；媒介(medium)及不体现过程的范围是围绕中心的核心(nucleus)；再向外，处于边缘(margin)位置的是施事者(agent)和受益者(beneficiary)；距离中心最远的外围(periphery)成分由各种环境成分来充当。在核心关系分析中,小句的各个语法功能成分采用的是韩礼德提出的作格分析法中的术语。核心关系分析也同样适用于小句之下的词组层级,此处不再赘述。

核心关系在语篇中的配置顺序称为活动序列(activity sequence)。在某个特定的语场中,核心关系配置会按照一定的顺序展开。也就是说,语场本身可以对一系列活动的顺序起到制约作用,如足球比赛报道语篇中的"队员传球—本方队员接球—接球队员射门—对方守门员扑救";同理,同一语场中的一项活动也可能期待或预设下一项活动。

分类关系、核心关系和活动序列这三者构成了语篇概念系统的三个分析维度,共同揭示经验意义是如何通过语篇得以识解的。后文对法律语篇经验意义的分析也将围绕这三方面展开。

9.2.2　联结系统

联结系统关注的是语篇中不同活动或信息之间的逻辑联结关系,体现的是逻辑功能。马丁(1992)和马丁与罗斯(2003/2007)提出,语篇中主要存在四种逻辑关系,分别为添加(addition)、比较(comparison)、时间(time)和因果(consequence)关系,小句与小句之间存在主从(hypotactic)、并列(paratactic)和衔接(cohesive)三种依赖方式。

此外,他们还多次强调了外部联结(external conjunction)和内部联结(internal conjunction)的区分。外部联结是指超越语篇之外的事件之间的联系,表现现实世界中的活动的行进顺序。内部联结是指语篇本身的不同阶段的组织方式,表现语篇的论证过程。

四种逻辑关系可以进一步细分,但内外部略有差别。外部添加关系可以分为添加(additive)和选择(alternative)两个子系统;外部比较关系包括相似(similar)和相异(contrast);外部时间关系包括连续(successive)和同时(simultaneous);外部因果关系分为四种,分别是原因(cause)、方式(means)、目的(purpose)和条件(condition)。内部联结关系中的时间关系和比较关系与外部相同;内部添加关系包括发展(developing)和分段(staging);内部因果关系分为结论(concluding)和反对(countering)两个子系统。

除了联结系统之外,语篇中还有一种称为接续词(continuative)的语言资源,同样可以构建小句之间的逻辑关系。在英语语篇中,它们通常不出现在小句的首位,主要体现添加、比较和时间关系,帮助读者建立对语篇发展的期待。

9.3 《婚姻法》的语篇语义分析

《中华人民共和国婚姻法》以下简称《婚姻法》是一部调节社会上的婚姻家庭关系的法律,属于民商法类别①。现行版本为 1980 年颁布、1981 年 1 月 1 日起实施的《婚姻法》;2011 年 8 月,最高人民法院发布并实施了《婚姻法》的最新司法解释。《婚姻法》全文由"总则""结婚""家庭关系""离婚""救助措施与法律责任"及"附则"六章组成,共 51 条。法律内容主要包括婚姻关系的缔结、维护和解除,用以调节由婚姻而引起的夫妻、父母与子女以及其他家庭成员之间的权利义务关系。下文从概念系统和联结系统的角度对《婚姻法》的概念语义(经验语义和逻辑语义)展开分析,为讨论该语篇中社会过程的实现做出必要的准备。

9.3.1 《婚姻法》的经验语义

9.3.1.1 分类关系

《婚姻法》作为规范婚姻相关事项的法律语篇,其语场必然具有高度的指向性,即婚姻。所以,在语篇中,"婚姻"这一词汇项被不断重复,全文共计 29 次。在开宗明义的"总则"部分重复的频率尤其高。

第一章　总则

第一条　本法是**婚姻**家庭关系的基本准则。

第二条　实行**婚姻**自由一夫一妻、男女平等的**婚姻**制度。

保护妇女、儿童和老人的合法权益。

实行计划生育。

第三条　禁止包办、买卖**婚姻**和其他干涉**婚姻**自由的行为。禁止借**婚姻**索取财物。

禁止重婚。禁止有配偶者与他人同居。禁止家庭暴力。禁止家庭成员间的虐待和遗弃。

---

① 我国的《婚姻法》调节的关系既包括婚姻关系,又包括夫妻关系之外的家庭关系,如父母与子女的关系。因此我国的《婚姻法》严格地说应为婚姻家庭法。

第四条　夫妻应当互相忠实，互相尊重；家庭成员间应当敬老爱幼，互相帮助，维护平等、和睦、文明的**婚姻**家庭关系。

除了"婚姻"之外，语篇中的实体（entity）方面，全文还出现"家庭成员"9次、"夫妻"25次、"男方"4次、"女方"5次、"配偶"4次、"父母"31次、"子女"48次、"双方"18次（其中包括"男女双方"5次、"夫妻双方"3次、"父母双方"1次）；"家庭"25次、"财产"30次；"义务"21次、"权利"18次、"责任"5次。

过程（process）方面，"结婚"重复15次、"登记"12次、"离婚"30次、"重婚"6次；"扶养"9次、"抚养"16次、"赡养"8次、"收养"2次、"处理"5次、"继承"4次；"准予"4次、"禁止"9次、"不得"8次。

质量（quality）方面，重复频率相对较高的有体现法律公正精神和调节作用的词汇项"共同"13次、"自由"5次、"平等"4次、"自愿"4次、"互相"4次、"合法"3次；"依法"7次、"无效"6次。

从以上数据我们可以看出，表达同一经验意义时，该法律语篇倾向使用重复关系以明确语篇涉及的概念。相同或相似的经验意义在要求严谨的法律语篇中仅有为数不多的同义词出现，包括作为"权利"同义词①的"权益"、作为"不得"同义词的"不许"等等。

对照关系在《婚姻法》中得到了充分的体现，涉及婚姻家庭行为的主体，如夫—妻、父—母、子—女、兄—弟、姐—妹、祖—孙、父母—子女、男方—女方、一方—另一方等；涉及婚姻过程，如结婚—离婚等；涉及环境成分，如婚前—婚后等。

类别关系即词汇语义关系中的上下义关系（hyponymy），在《婚姻法》中有如家庭成员—父母/夫妻/子女和财产—工资/奖金/收益这种类别—成员（class-member）关系，也有如省—自治区—直辖市、扶养—抚养—赡养和（对财产的）隐藏—转移—变卖—毁损这种共同类别（co-class）关系。

部分关系相当于词汇语义关系中的部分—整体关系（meronymy），《婚姻法》中有如双方—男方/女方这种整体—部分（whole-part）关系，也有如怀孕—分娩—哺乳这样的共同部分（co-part）关系。

上述五种分类关系可以归纳为图9-1所示的系统网络：

---

① 作为法律术语的"权利"和"权益"的意义并不完全相同，但语言学中的同义关系包含近义词。

```
              ┌─重复    婚姻 — 婚姻 — 婚姻 ……
              ├─同义    权利 — 权益
              ├─对照    夫 — 妻、结婚 — 离婚
              │              ┌─类别 — 成员    家庭成员 — 夫妻 ……
分类关系 ──────┼─类别 ─────┤
              │              └─共同类别    扶养 — 抚养 — 赡养
              │         ┌─整体 — 部分    双方 — 男方 / 女方
              └─部分 ───┤
                        └─共同部分    怀孕 — 分娩 — 哺乳
```

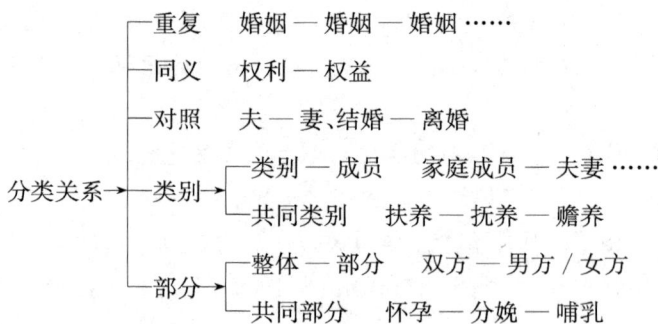

图 9 - 1 《婚姻法》的分类关系

9.3.1.2 核心关系

核心关系讨论的是小句内部成分之间的关系,即小句内以过程为中心的词汇项之间的共现关系。纵观整部《婚姻法》,处于中心地位的过程一为结婚,一为离婚;另外还有家庭关系中对于人身及财产的处理。下面我们以结婚、离婚、扶养、抚养、赡养和处理这六个体现过程的词汇项为例,分析该法律语篇中的一些核心关系。

首先观察第一组与婚姻关系缔结与取消相关的"结婚"和"离婚"这两个过程。在有些小句内,只有过程这一中心成分出现,如:

> 有下列情形之一的,**禁止结婚**[①]:
> 患有医学上认为不应当**结婚**的疾病(以上第七条)
> 如感情确已破裂,调解无效,应**准予离婚**
> 有下列情形之一,调解无效的,应准**予离婚**(以上第三十二条)

中心成分之外可能有媒介这一核心成分,如:

> **结婚**必须**男女双方**完全自愿(第五条)
> **男女双方**自愿**离婚**的,准予离婚(第三十一条)
> **男女一方要求离婚**的,可由有关部门进行调解或直接向人民法院提出离婚诉讼(第三十二条)
> **现役军人的配偶要求离婚**,须得军人同意(第三十三条)

[①] 此处的"禁止结婚"及下例的"准予离婚""要求离婚"是由动词词组复合体(verbal group complex)来体现过程的。

　　由于汉语的特点,小句中的过程不一定都带有媒介,有时一个独立过程的媒介出现在相邻的小句中,如:

　　　　登记**结婚**后,根据男女双方约定,**女方**可以成为男方家庭的成员,**男方**可以成为女方家庭的成员(第九条)
　　　　离婚后,**父母**对于子女仍有抚养和教育的权利和义务(第三十六条)

　　从以上分析不难看出,在结婚与离婚这样的事件中,处于核心地位的必然是婚姻关系中的男女双方。
　　关于"扶养、抚养及赡养",它们所在小句的核心关系各自有别。

　　　第二十条　　**夫妻**有互相**扶养**的义务。
　　　　　　　　　一方不履行**扶养**义务时,需要**扶养**的一方,有要求对方付给扶养费的权利。
　　　第二十九条　有负担能力的**兄、姐**,对于父母已经死亡或父母无力抚养的未成年的弟、妹,有**扶养**的义务。由**兄、姐扶养**长大的有负担能力的**弟、妹**,对于缺乏劳动能力又缺乏生活来源的兄、姐,有**扶养**的义务。
　　　第二十一条　**父母**对子女有**抚养**教育的义务;**子女**对父母有**赡养**扶助的义务。
　　　　　　　　　父母不履行**抚养**义务时,未成年的或不能独立生活的子女,有要求父母付给抚养费的权利。
　　　　　　　　　子女不履行**赡养**义务时,无劳动能力的或生活困难的父母,有要求子女付给赡养费的权利。

　　若查阅《现代汉语词典》,我们可以找到这三个词的定义,分别是:

　　　　扶养:养活:把孩子～成人。
　　　　抚养:爱护并教养:～子女。
　　　　赡养:供给生活所需,特指子女对父母在物质上和生活上进行帮助:
　　　　　　　～费｜～父母。

　　其中,"赡养"和另外两个词的区别较为明显,而"扶养"和"抚养"似乎没有差别。然而,在《婚姻法》中,这三个词汇项的核心关系构成却有着严格的区分,"扶养"仅用于夫妻或兄弟姐妹之间,即同辈人之间;"抚养"仅用于父母对子女;"赡养"仅用于子女对父母。法律语篇措辞的严谨性可见一斑。

最后我们观察一下"处理"一词。"处理"本是个用途广泛、搭配多样的动词,表示对事物、问题或关系的安排或解决。但在《婚姻法》中,我们发现,"处理"这一词汇项共出现五次,其核心关系构成几乎只有一种。

同居期间所得的**财产**,由当事人协议**处理**

对重婚导致的婚姻无效的**财产处理**,不得侵害合法婚姻当事人的财产权益(以上第十二条)

夫妻对共同所有的**财产**,有平等的**处理**权(第十七条)

婚姻登记机关查明双方确实是自愿并对**子女和财产问题**已有适当**处理**时,发给离婚证(第三十一条)

离婚时,夫妻的共同**财产**由双方协议**处理**(第三十九条)

除了财产方面之外,《婚姻法》中对其他问题的安排和解决坚决回避了"处理"这一意义宽泛的用语,而是尽量采用含义具体而明确的过程表述。

核心关系这一部分也可以用一幅系统网络图来概括,同时包含核心以外的边缘和外围部分。

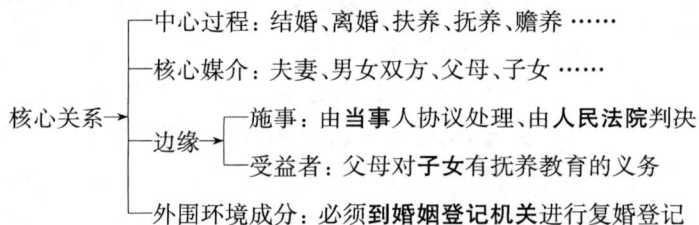

图9-2 《婚姻法》的核心关系

9.3.1.3 活动序列

如前文所述,在一定的语场内,核心关系的配置会按照一定的词序来排列。换句话说,语场预设了一定的活动序列,该序列应符合语篇接收者对现实世界的认知及心理期待。《婚姻法》作为法律语篇,具有逻辑清楚、层次明晰的活动序列。例如全文除"总则"和"附则"之外的中间四章,便是按照婚姻关系的缔结、维护、解除、特别状况的序列展开的。

第二章　结婚　　　（婚姻关系的缔结）

⬇

第三章　家庭关系　（婚姻关系的维护）

⬇

第四章　离婚　　　（婚姻关系的解除）

⬇

第五章　救助措施与法律责任　　（婚姻关系中需要特别处理的特别状况）

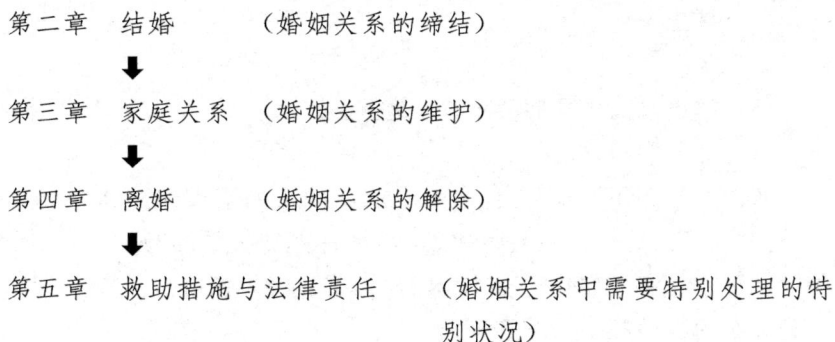

同一章内不同条款之间也是如此，例如第三章"家庭关系"中对夫妻双方权利义务的规定：

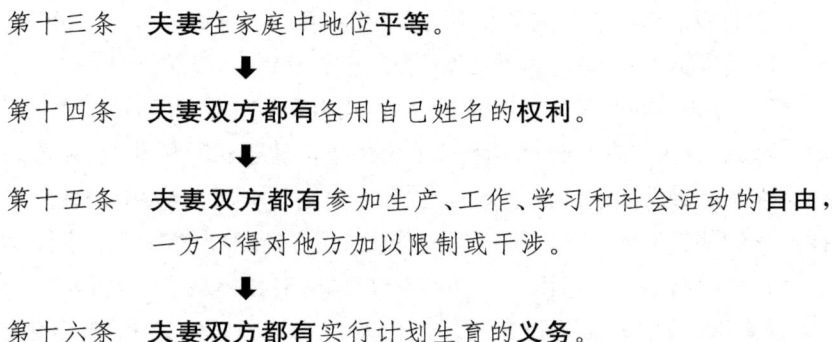

第十三条　**夫妻**在家庭中地位**平等**。

⬇

第十四条　**夫妻双方都有**各用自己姓名的**权利**。

⬇

第十五条　**夫妻双方都有**参加生产、工作、学习和社会活动的**自由**，一方不得对他方加以限制或干涉。

⬇

第十六条　**夫妻双方都有**实行计划生育的**义务**。

在具体条款内部，语篇的展开同样遵循合理而严谨的活动序列，例如"总则"中对一系列非法行为的禁止：

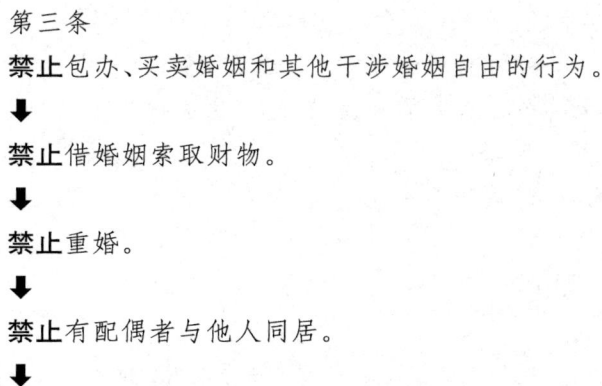

第三条
禁止包办、买卖婚姻和其他干涉婚姻自由的行为。

⬇

禁止借婚姻索取财物。

⬇

禁止重婚。

⬇

禁止有配偶者与他人同居。

⬇

禁止家庭暴力。

↓

禁止家庭成员间的虐待和遗弃。

从以上各例还可以看出,语篇中的活动序列安排往往和分类关系中的重复、对照、类别、部分关系紧密相关,如具有重复关系的"禁止"、具有对照关系的"结婚—离婚""权利—义务"、具有类别关系的"家庭成员—夫/妻"以及具有部分关系的"双方—一方"等等。

9.3.2 《婚姻法》的逻辑语义

9.3.2.1 外部联结

《婚姻法》中的外部联结手段体现该法律所涉及的事项之间的逻辑关系,也就是同婚姻家庭生活有关的事项之间的联系。在添加、比较、时间、因果这四种外部联结逻辑中,最常见的是因果逻辑,全文共计 53 次。再进一步,因果逻辑中的原因、方式、目的、条件这四种关系中,得到最突出体现的是条件关系,共计 44 次。这完全符合法律语篇的特点,因为法律正是要对某种情况、某个条件会导致什么样的后果做出明确而具体的规定。《史记·高祖本纪》中记载的最朴素的法律——约法三章的内容"杀人者死,伤人及盗抵罪"即含有两个条件关系。条件关系在法律语篇中经常由"……的"来体现,有时也体现为"如……"。

《婚姻法》中的一些具有因果逻辑关系的条款举例如下,包含条件、原因及方式三种子类别,不含有目的类因果关系。

1)外部:因果:条件

有下列情形之一**的**,禁止结婚(第七条)

符合本法规定**的**,予以登记(第八条)

男女一方要求离婚**的**,可由有关部门进行调解(第三十二条)

对重婚**的**,对实施家庭暴力或虐待、遗弃家庭成员构成犯罪**的**,依法追究刑事责任(第四十五条)

如感情确已破裂,调解无效,应准予离婚(第三十二条)

2)外部:因果:原因

养子女和生父母间的权利和义务,**因**收养关系的成立**而**消除(第二十六条)

子女对父母的赡养义务,不**因**父母的婚姻关系变化**而**终止(第三十条)

3)外部:因果:方式

离婚后,哺乳期内的子女,**以**随哺乳的母亲抚养**为原则**(第三十六条)

《婚姻法》中另外一种常见的逻辑关系为时间关系,全文共计 51 次。其中有些条款用到的时间关系与条件关系十分类似,规定在什么样的前提发生时会产生什么样的后果,通常以"……时"为体现形式。此外,《婚姻法》还对婚姻关系缔结或解除这样的关键节点之前和之后的当事人权利义务做出了具体规定,另有一条规定此法律旧版本的废止。例如:

4)外部:时间:同时

协议不成**时**,由人民法院根据照顾无过错方的原则判决(第十二条)
一方不履行扶养义务**时**,需要扶养的一方,有要求对方付给扶养费的权利(第二十条)
女方**在**怀孕**期间**、分娩后一年内或中止妊娠后六个月内,男方不得提出离婚(第三十四条)

5)外部:时间:连续

婚**前**患有医学上认为不应当结婚的疾病,婚**后**尚未治愈的(第十条)
离婚**后**,父母对于子女仍有抚养和教育的权利和义务(第三十六条)
中止的事由消失**后**,应当恢复探望的权利(第三十八条)
1950 年 5 月 1 日颁行的《中华人民共和国婚姻法》,**自**本法施行之日**起**废止(第五十一条)

添加关系在《婚姻法》中多体现为"和、又、并、或",用于表达具有并列或选择关系的事件,全文共计 32 次。例如:

6)外部:添加:添加

父母有保护**和**教育未成年子女的权利和义务(第二十三条)
由兄、姐扶养长大的有负担能力的弟、妹,对于缺乏劳动能力**又**缺乏

生活来源的兄、姐,有扶养的义务(第二十九条)

　　婚姻登记机关查明双方确实是自愿**并**对子女和财产问题已有适当处理时,发给离婚证(第三十一条)

7)外部:添加:选择

　　结婚必须男女双方完全自愿,不许任何一方对他方加以强迫**或**任何第三者加以干涉(第五条)

　　没有约定**或**约定不明确的,适用本法第十七条、第十八条的规定(第十九条)

　　实施家庭暴力**或**虐待家庭成员,受害人提出请求的,公安机关应当依照治安管理处罚的法律规定予以行政处罚(第四十三条)

比较关系原本分为相似和相异两种,但《婚姻法》作为法律规章,要求表达严谨,不适合使用"像……、如……"一类的比喻或类比。而起到澄清、排除或是限定作用的相异关系却出现两次,即:

8)外部:比较:相异

　　夫妻在婚姻关系存续期间所得的下列财产,归夫妻共同所有:……继承或赠与所得的财产,**但**本法第十八条第三项规定的**除外**(第十七条)

　　现役军人的配偶要求离婚,须得军人同意,**但**军人一方有重大过错的**除外**(第三十三条)

外部联结关系在《婚姻法》中的体现可以由下图的系统网络概括:

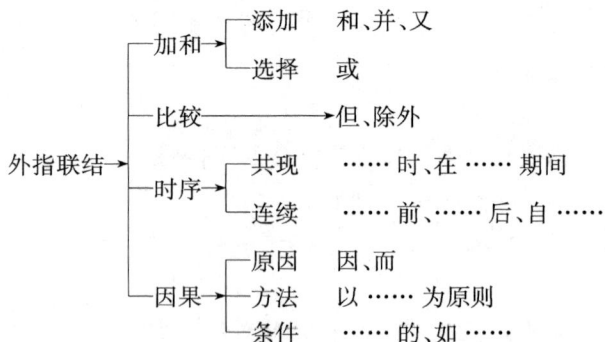

图9-3　《婚姻法》的外指联结关系

9.3.2.2　内部联结

内部联结负责组织安排语篇本身的逻辑结构。尽管如 2.2 节所示,语篇内部的逻辑联结关系也有添加、比较、时间和因果四种类别,并且每一类下面还可以细分出若干子类别,但纵观整部《婚姻法》,内部联结关系只有一种,即时间关系。具体地说,是时间关系中的连续关系,连续关系中的排序(ordering)关系。这种内部逻辑关系是由位于各章及各条款最前的序列编号体现的,例如:

内部时间:连续:排序

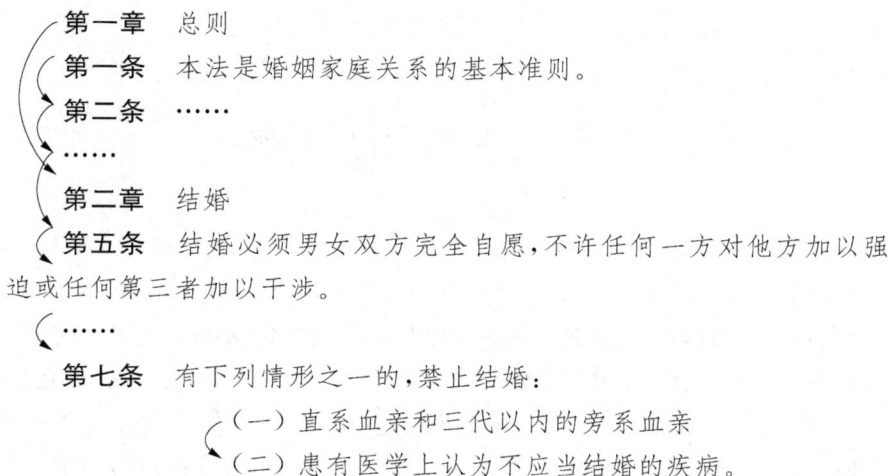

第一章　总则
第一条　本法是婚姻家庭关系的基本准则。
第二条　……
……
第二章　结婚
第五条　结婚必须男女双方完全自愿,不许任何一方对他方加以强迫或任何第三者加以干涉。

……
第七条　有下列情形之一的,禁止结婚:
　　　　　(一)直系血亲和三代以内的旁系血亲
　　　　　(二)患有医学上认为不应当结婚的疾病。

内部联结系统不发达、体现形式单一,这也是由立法语篇的特点决定的。立法语篇不同于叙事类语篇、说明类语篇或议论类语篇。在叙事类语篇中,内部联结主要用于安排叙述的先后;在说明类语篇中,内部联结主要用于组织说明的步骤;在议论类语篇中,内部联结主要用于构筑论据的顺序。这几种类型的语篇内部可以通过内部联结系统开首收尾,铺叙次第。而立法语篇务求准确精练,其最根本的目的在于规范人们的行为,调节社会关系,语篇内部起承转合即便不与此目的背离,也可算是无关宏旨。惟法规条目清晰有序、符合逻辑的安排是至关重要的。因此,在逻辑语义方面,《婚姻法》更加注重组织现实世界事件的外部联结,而较少采用内部联结。

至于接续词,它原指英语小句中不出现于小句首位的一小套逻辑连接词,与动词位置相邻,既不同于外部联结,也不同于内部联结,如 even(甚至),also(也),still(仍然),just(只是)等(Martin & Rose,2007:143)。在《婚姻法》中,类似的接续词共出现三次,"仍"出现两次,"只"一次。

> 离婚后,子女无论由父或母直接抚养,**仍**是父母双方的子女
> 离婚后,父母对于子女**仍**有抚养和教育的权利和义务(以上第三十六条)
> 遗嘱或赠与合同中确定**只**归夫或妻一方的财产(第十八条)

接续词的逻辑功能比较简单,主要是建立语篇的可预期性,比如"仍"表示对预期时间的延长,"只"表示对预期基准的降低。由于接续词在本章分析的语篇中出现次数很少,在组织法律语篇方面的特点并不突出,且在实现社会过程方面的作用也不显著,故下节不再对它们进行讨论。

9.4　社会过程的实现

社会是由各式各样的过程构成的有机体,人与人之间的交往和互动过程即为社会过程。人类在交往和互动的过程中,由于个体之间存在先天及后天方面的差异,所以不可避免地会对事物形成不同的价值判断。因此,具有社会属性的人类在交往过程中会因为这些不同的价值取向而结盟。在结盟组织之间,同样不可避免地产生互动,于是导致竞争、冲突、合作等社会过程的发生。根据辛克尔(Hinkle,1966:XIII,XVII)和库利(Cooley,1966)的理论,我们把社会主体之间的交往、互动和结盟的现象归纳为竞争、冲突、顺应、选择、合作和同化这六种社会过程类型。

正如韩礼德(1978)指出的,语言是一种社会符号,语言的使用者通过语篇来实现其特定的社会目的。因而上述六种社会过程可以通过语篇得以实现。法律语篇作为语篇的一种,自然也承担着实现相应领域内社会过程的任务。本章讨论的《中华人民共和国婚姻法》作为婚姻家庭领域的立法语篇,其目的即是规范人们在婚姻家庭生活方面的行为选择、促进各方顺应,解决竞争和冲突、实现合作与同化。

9.4.1　经验语义与社会过程的实现

本节以 9.3.1 中对《婚姻法》经验语义的分析为基础,简要阐释该立法语篇对社会过程的调节作用。概念系统中的分类关系明确界定了该法律调节的社会关系所涉及的社会主体及典型行为,如"夫妻、父母、结婚、离婚"等。从

9.3.1.1的统计可以看出,《婚姻法》提及父母/子女关系的次数远远多于夫妻关系,抚养/赡养的过程远远多于扶养的过程,这反映了该部法律对社会上处于更加弱势地位的群体的保护;提及离婚远多于结婚,反映了该部法律注重调节婚姻生活中出现的竞争和冲突。

核心关系方面,《婚姻法》主要围绕婚姻关系中的男方和女方以及由婚姻产生的家庭关系中的成员展开语篇的构建,即围绕夫妻、父母、子女等社会主体来实现社会过程。具体而言,有关于分割财产的竞争关系,有关于感情破裂、家庭暴力而离婚的冲突关系,有女方妊娠期间男方对女方的顺应关系,有子女随父姓或母姓、离婚后子女归属的选择关系,有互敬互爱、平等和睦的合作关系,也有互相成为家庭成员的同化关系。

活动序列方面,《婚姻法》也体现了各种社会过程的实现与调节过程中的顺序安排。"总则"为语篇整体的纲领,主要侧重调节顺应和合作过程;"结婚"和"家庭关系"两章侧重调节合作和同化过程;"离婚"和"救助措施与法律责任"两章着重解决竞争与冲突过程;"附则"主要讨论对民族自治地方婚姻家庭具体状况的顺应过程。选择过程则散见于各个部分。由此可以看出,《婚姻法》在调节社会过程时,遵循了这样的序列:首先开宗明义,点明本法律促进顺应和合作的宗旨,然后指导社会成员如何通过正确的选择实现合作和同化,接下来规定一旦出现竞争和冲突该如何解决,最后说明对特殊情况的顺应。

9.4.2　逻辑语义与社会过程的实现

根据9.3.2.1对外部联结系统的讨论,因果关系和时间关系在立法语篇中体现得尤为突出,其次是添加和比较关系。尽管逻辑语义并不直接体现上述六种社会过程,但对于社会过程的实现和调节起到设置条件和限定范围的作用。此外,外部逻辑还充当不同社会过程的连接纽带,使法律语篇在调节社会关系的过程中成为有机的整体。比如,外部逻辑可以说明在什么样的竞争出现的情况下,应该通过怎样的选择实现怎样的顺应;在冲突发生以后,如何强制社会主体进行合作与同化。试举两例:

> **第二十条**　夫妻有互相扶养的义务。
> 　　一方不履行扶养义务**时**,需要扶养的一方,有要求对方付给扶养费的权利。

此条款首先确立了夫妻双方互相扶养的合作过程,在一方不履行扶养义务这样的冲突过程出现的条件下,法律规定另一方可以通过选择要求对方付给抚养费,从而强制不履行义务的一方顺应自己的需要,达到合作的状态。

  第三十六条 父母与子女间的关系,不**因**父母离婚**而**消除。离婚**后**,子女**无论**由父或母直接抚养,仍是父母双方的子女。

此条款规定父母和子女之间的关系不由于父母离婚这一冲突过程而消除。在该冲突过程发生的时间之后,子女有对抚养方进行选择的过程,父母也可能对抚养权有竞争的过程,但无论选择或竞争结果如何,法律仍确保了子女归属父母双方的合作和同化过程。

从以上的例子可以看出,各种社会过程之间的过渡、承接和转换,有赖于语篇中的外部联结系统所体现的逻辑语义。

而内部联结,正如9.3.2.2中探讨的那样,在立法语篇中体现得并不十分明显。立法语篇仅有目录以及章节、条款、项目的编号体现语篇内部逻辑。这保障了立法语篇各个部分内容明晰,相对独立,可以单独适用于对某种社会过程的实现与调节,反映了立法语篇概念语义的独特之处。

9.5　结　语

迄今为止,将法律语篇作为社会过程进行的系统研究尚不多见。作为社会过程的法律语篇是一种机构价值,这种机构价值影响和改变个体价值。本章在系统功能语言学的框架下,从概念语义的视角出发,以概念和联结这两个概念语义系统为切入点,分析了作为社会过程的法律语篇是如何通过语言来调节竞争、化解冲突、规范人的选择、维护人对他人和社会的顺应、推动合作与同化,最终促进社会和谐的。

笔者分析的语料虽然只是《婚姻法》这样一部立法语篇,有管中窥豹之嫌,但我们希望通过此例而略见立法语篇概念语义与社会过程实现的大观。其余类型的法律语篇,如司法语篇、执法语篇等,均以其各自的语篇组织方式来构建其经验与逻辑意义,进而实现符合该语篇特点的社会功能。具体到某个法律语篇是如何实现社会功能的,要针对该语篇进行具体的分析研究;若要更加全面地揭示语篇语义在实现法律语篇社会功能方面的规律和特点,也有赖于从人际意义、谋篇意义等方面进行综合考量。从本章分析的过程和结果来看，系统功能语言学作为"适用语言学"提供了完善的理论框架和分析方法，在对语篇进行分析和阐释时具有很强的适用性。

第10章
汉语刑事辩护词中态度资源的分布

10.1　引　言

　　刑事辩护词属于法律语篇的范畴。法律语篇是一种社会过程,在这个过程中,不仅有竞争、冲突,也有顺应、合作和同化。刑事辩护词的社会过程特点主要是竞争,通过竞争走向合作和/或同化。

　　为保障当事人的合法权益,辩护词一般要实现三个基本目的: ① 建构事实,② 驳斥指控,③ 说服审判人员做出有利判决。辩护词的信息目的主要围绕事实和理性展开,传递概念意义(ideational meaning);而辩论和说服目的则致力于联盟听众,传递人际意义(interpersonal meaning)。作为具有辩护功能的说服性法律语篇,刑事辩护词承载着较重的人际语义负荷,必然运用较多的人际语义资源去结盟听众。本章重点考察汉语刑事辩护词中的态度资源及其分布规律,以资制作刑事辩护词参考。

　　律师作为法庭辩护的主体,其辩护语言备受关注。国外学者多研究抗辩制度下律师在询问和交叉询问时的语言技巧,如德鲁(Drew,1990),康利和奥巴尔(Conley & O'Barr,1998),蒂尔斯玛(Tiersma,1999),吉本斯(Gibbons,2003)等人。他们主要关注在权力关系不对称的庭审中,律师是如何运用语言策略控制证人,尤其是对方证人,使其证言服务于自己的辩护目的。国内对律师辩护语言的研究既涉及口头法庭辩护语言,也涉及书面辩护词。口头法庭辩护研究主要考察在法庭辩论中律师如何运用人际意义资源成功实现人际互动,如何使用语用策略顺应法官,以及如何选用不同的提问形式从证人那里挖掘有用证言,如陈文玲（2004）、葛云峰、杜金榜（2005）、廖美珍（2002;2004;2005）、韩征瑞（2005）、张丽萍（2007）、黄银（2011）等人的研究。目前对书面辩

护词的研究除了宏观层面的结构和内容外,针对语言微观层面的研究主要是
从修辞视角(陈炯,1998;姜同玲,2002;潘庆云,2004;袁传有、廖泽霞,2010;张
清,2013)、语用视角(金晓燕,2005;张清,2006;孙春,2009;崔凤娟、苗兴伟,
2009;Hu,2011;赵敏2014)和系统功能语言学视角(代丽琴,2004;李冰,2005;
杜广才,2006;刑青芳,2006)下进行的,这些研究主要集中在特定的修辞性语
言、语用原则或功能变体的运用及其对说服目的的作用上。张丽萍(2007)考
察了庭审中律师如何以"评"说"法",在强调客观性的法庭辩论中体现作为法
律阐释者和辩护者的双重主观立场,所用语料虽然涉及辩护词,但关注的焦点
在于法庭辩论,而且对介入系统没有进行探讨。本章将从评价系统入手,以态
度分析为主、介入和级差分析为辅,研究汉语刑事辩护词中的态度资源,并结
合态度韵律理论分析辩护词中态度资源的分布特征。

10.2　理　论　框　架

"评价系统"(appraisal systems)因关注语篇中赋值语义(semantics of
evaluation)的研究,补充发展了系统功能语言学人际意义的研究(王振华,
2001),将人际意义研究从词汇语法层面扩展至语篇语义层面。作为人际意义的
评价,"是所有语篇语义的中心部分,任何语篇的人际意义分析都应将其纳入其
中"(Thompson,1996:65)。根据马丁(Martin,2000)和王振华(2001)的研究,评
价系统可分为态度(attitude)、介入(engagement)和级差(graduation)三个次系统。
态度指人的情感表现以及受到外界影响后对各种刺激所做出的判断和鉴赏,分
三个子系统,分别为情感(affect)、裁决(judgment)和鉴赏(appreciation)。情
感、裁决和鉴赏都有正面和负面以及显性和隐性之分。介入系统通过投射
(projection)、否定(negation)、情态(modality)和反预期(concession)等方式来
追溯评价来源,语言使用者利用介入手段来归属对评价所承担的责任和义务。
级差则用于调节评价的力度和介入的程度,分为语势(force)和聚焦(focus),
语势又可次系统化为强势(raise)和弱势(lower),聚焦分明显(sharpen)和模糊
(soften)。在这三个系统中,态度处于核心地位,介入和级差分别从来源和力
度上对态度进行调节,因此对态度资源的分析离不开介入和级差。

语篇的评价意义并不是零散地由单个评价词汇实现,而是渗透于语篇之
中,并由此形成语篇表达的态度韵律(attitudinal prosody)。马丁等人把小句
层面评价意义的韵律结构展开方式分为渗透型(saturation)、加强型

(intensification)和主导型(domination)(Martin & White，2005)，并指出语篇语义层面同样存在着这样的结构。

本章将依据评价系统分析汉语刑事辩护词中的态度资源，并在此基础上，探讨其不同语类阶段中态度资源的分布。

10.3 汉语刑事辩护词态度资源研究

辩护词属于广义的辩论语类。根据海兰德(Hyland，1990)的研究，辩论文本呈现出论点^论证^结论的语类结构。辩护词也不例外，辩护词的论点出现在前言部分，论证出现在辩护理由部分，结论出现在结束语部分。但是，由于辩护词是在高度制度化的法庭语境中出现，必然附加有程式化的内容，如标题、称呼语、签名和日期等，这些程式化的内容主要实现程式化的信息功能，不带有太多评价意义，因此不是本章研究的重点。下面简单介绍本节示例语料的选取和研究方法，并对汉语刑事辩护词选用的态度资源进行描述和阐释。

10.3.1 语料选取及研究方法

本节所涉及的辩护词有 10 篇，全部来自中国刑辩网(http://www.xingbian.cn/template/index.jsp)①上的辩词荟萃栏目，都是律师撰写的书面辩护词。作为司法从业人士，他们撰写的辩护词既具有效度也具有信度。例证所选辩护词既有一审辩护词，也有二审和无罪抗诉辩护词；涉及罪名有故意杀人罪、抢劫罪、盗窃罪、绑架罪、妨害传染病防治罪、玩忽职守罪、贪污罪等，具有一定的代表性。本节采用定性为主、辅以定量的研究方法，首先探讨刑事辩护词中律师为实现说服目的而采用的态度资源，进而对例证中手动标注的态度资源进行数据统计，探讨刑事辩护词中态度资源在不同语类阶段的分布特征。在对辩护词中的态度资源进行手动标注时，对显性和隐形态度资源进行加粗识别，标注其不同类型，并在此基础上判断评价是正面评价还是负面评价。

10.3.2 情感资源分析

辩护词是在法庭语境中发表的，必然呈现出法律语域的典型特点，即非个人化和非情感化(Gibbons，2003)。汉语刑事辩护词证实了这一观点，使用的

---

① 注：此处来源无误，但本书付梓时该网页已过期。

情感资源较为有限,许多辩护词自始至终没有出现情感的表露,其目的主要是顺应法庭这样一个严肃的、要求客观的语境。但在一些案件中,律师也会运用情感诉求来联盟听众,使听众在情感取向上与律师保持一致。我们通过分析语料发现,辩护词中情感来源既可追溯至律师本人,也可归属于涉案人员;而且情感多由涉案事件或涉案人员触发,大多数情感资源属于现实型情感。根据马丁(Martin,2000)和王振华(2001)的研究显示,现实型情感(realis)可细分为幸福/不幸福(un/happiness),满意/不满意(dis/satisfaction)以及安全/不安全(in/security)。因此,我们在例析时植入前述概念,展示情感意义的详情。【例句分析中**粗体**指评价资源,( )内为评价分析,＋为正面评价,－为负面评价,t 表示隐性评价,[ ]为语料来源。全文同。】

［例 1］在我的执业经历中还未曾有过今天这样的**沉重**(－happiness)、**欣慰**(＋satisfaction)和**激动**(＋happiness)。[No. 10]

例 1 是在为被告人胥 XX 做无罪抗诉辩护意见时,辩护人在辩护词论点部分里的感情流露。随后,辩护人解释了带来这种情绪的原因——被告人在服刑 13 年后,终于能够有机会在法庭上洗清冤屈。例句中一负两正的情感评价说明,辩护人虽然为被告人蒙冤受屈感到心情沉重,但终归冤屈得以申诉,因此正面情感态度多于负面情感态度。这种正面的情感资源往往会影响庭审参与者,感染法官与律师共同为纠正这起冤案做出努力。

［例 2］我与大家一样对那些制、贩毒酒的人**恨之入骨**(－satisfaction),同时我们也为此次事件的死伤者感到**痛心**(－happiness)和**惋惜**(－satisfaction)。[No. 5]

［例 3］最后,本律师代表程 XX 对此次事件遭受**痛苦**(－happiness)的人员表示最深切的**歉意**(－satisfaction)和真诚的**忏悔**(－satisfaction)。[No. 5]

例 2 和例 3 出现在同一辩护词里的论点和结论部分,其辩护对象为被控销售有毒食品的被告人程 XX。本案后果严重,造成 14 人死亡,10 人重伤,14 人轻伤,16 人轻微伤。基于如此严重的后果,听众对被告人必然会有先入为主的看法和痛恨,对为其辩护的律师也必然没有好感。辩护律师在辩护意见提出前,首先陈述自己对制、贩毒酒的人的仇恨,运用了强势级差将这种仇恨表述为"恨之入骨",并和被告人一起为不幸死伤者表示哀悼("痛心""惋惜")。这种情感表达有助于联盟听众。律师在情感态度取向上与听众保持一致,顺应了听众的心理,为下文辩护意见的提出创造了条件。在结论部分,律师再次代表被告人对受害方所遭受的"痛苦"表示"歉意"和"忏悔",而且使用强势级差塑造最深切和真诚语气,以期得到受害方的谅解。负面的情感评价表明了被告人的悔过之意和改过决心,为辩护意见的接收和接受营造了良好的情感基础。

来自律师自身的情感类评价多出现于辩护词论点或结论部分。在辩护理由部分,律师多摆事实、讲法理,很少穿插自己的情感。但在对被告人犯罪动机的阐释中,律师通常会把情感类评价归属于被告人,来邀请听众加盟,共同感受被告人当时的心理状态,从而为被告人行为找到合理的辩护理由,如下例:

[例 4] 也可能是由于受害人熊 XX 的一时冲动行为使邱 XX 将其视为**可恨的**(－satisfaction)第三者,而邱 XX 又由于其生活的经历而对第三者**深恶痛绝**(－satisfaction),以致将**满腔仇恨**(－satisfaction)发泄在熊 XX 的身上,从而酿成了惨案的发生。[No. 7]

本案中,被告人邱 XX 将被害人熊 XX 杀害,罪证确凿,但辩护律师认为被告人有从轻处罚的酌定情节。在对被告人进行犯罪动机分析时,律师讲述道,由于被告人自述曾目睹被害人调戏自己的妻子,而且是在被奉为仙地的铁瓦殿庙内,这种行为可谓人神共愤。听众听后会移情对被害人产生负面评价,听众尚且如此,更何况是妻子被人调戏的被告人,其对被害人的愤恨自然可以理解,再加上被告人"自身性格孤僻内向","与周围环境长期处于对抗状态",以至于这种仇恨无法化解,反而强化为"深恶痛绝"和"满腔仇恨"并不可控以致惨案发生。通过情感类评价,听众可以感受被告人对被害人的仇恨,并对被告人产生同情,为律师从轻处罚的辩护意见奠定情感基础。

通过对所选语料的分析,我们发现,汉语刑事辩护词中情感类评价的使用受案件情节影响较大,在语篇中的出现具有可选性(optional),而且多为负面情感反应。律师的情感类评价多倾向于出现在辩护词论点或结论处,主要用于情感诉求,或顺应听众心理,或邀请听众加盟,同意律师表达的情感态度;而情感类评价对被告人犯罪动机的阐释也起到积极的情感诉求作用,为辩护意见的提出和接受创造了较为和谐的情感语境。

10.3.3　裁决资源分析

汉语刑事辩护词中辩护意见本身,就是对被告人是否有罪或罪轻罪重的裁决,必然凸显对行为和人品的裁决类资源。通过语料分析,笔者发现在对行为的裁决中,辩护词中社会约束(social sanction)的使用远远多于社会评判(social esteem),因为社会约束类态度资源有法律含义(Martin, 2000),适用于法庭审判。辩护词中针对诉讼当事人的裁决资源使用较为广泛。下面笔者将分析裁决类评价在辩护词中的凸显和渗透现象。

[例 5] 湖南 XX 律师事务所依法接受黄 XX 的委托,指派本律师担任黄 XX 的辩护人,今天出庭参与诉讼。经**多次会见被告人,反复查阅案卷材料,认真查阅与研习有关法律文件**(t, social esteem),尤其是出席今天的庭审活动,本律师认为,黄 XX 的行为属于**合法的正当防卫行为**(+ social sanction),而不应认定为**故意伤害(致死)罪**(- social sanction)。[No. 1]

在辩护词前言中,律师首先通过强势级差如"多次"会见被告人,"反复"查阅案卷材料,"认真"查阅与研习有关法律文件,强调其在审前阶段所作的准备工作,正是基于以上庭前准备和庭审活动,得出自己的辩护意见,即被告人行为是"合法的正当防卫行为",属于正面的社会约束评价,而对控方对被告人负面的社会约束评价"故意伤害(致死)罪"予以否定。接下来,律师运用四个辩护理由来论证前言中的基本辩护观点。限于篇幅,下例仅分析第四个辩护理由中的裁决资源。

[例 6] 四、黄 XX 撞死姜 X 的行为完全符合**正当防卫**(+ social sanction)的法定条件,依法不应负刑事责任。既然黄 XX 追击姜 X 的行为是**合法的**(+ social sanction)**自救**(+ social esteem)与**抓捕扭送犯罪分子**(+ social sanction)的行为,而姜 X **持刀威胁**(- social sanction)、**阻止黄的追捕**(- social sanction)的行为属于**暴力拒捕的**(- social sanction)行为,那么,黄 XX 与姜 X 之间的较量,便属于**正**(+ social esteem)与**邪**(- social esteem)、**合法**(+ social sanction)与**非法**(- social sanction)的较量。法律的天平自然倾向于黄 XX 一边。依照我国刑法的规定,黄 XX **撞死**(- social sanction)姜 X 的行为无疑属于依法不应承担刑事责任的**正当**

防卫行为（＋social sanction）。[No. 1]

辩护人首先强势指出被告人行为的正当合法性，完全符合"正当防卫"的法定条件。这一评价主导以下论证中的裁决。在论证部分中，社会约束类裁决凸显，正面和负面的裁决交替出现，但裁决的对象截然不同，对被告人多采用正面裁决，如"正当防卫、合法的、抓捕扭送犯罪分子的行为、合法"等；对被害人多采用负面裁决，"持刀威胁、阻止……追捕、暴力拒捕"，凸显其在事故中的法律责任，并将其行为定性为非法。正是基于以上正反两方面的裁决，最后通过投射（project）刑法的手段（依照我国刑法的规定），运用强势级差再次将被告人行为评价为正当防卫行为。但这个辩护理由并不是毫无根据、随意做出的，下辖的四个次级辩护理由又分别从目的性、时间性、对象性和是否防卫过当四个方面对该辩护理由进行了论证，裁决资源渗透于整个论证阶段（详见辩护词原文），限于篇幅，在此不对这四个次级辩护理由的分析一一展开。

基于前面四个辩护理由从案件事实、被告人行为属于正当防卫、被害人行为违法和被告人正当防卫符合法律要件等方面对论点中的裁决进行的全面阐释和论证，例7的结论中对被害人的裁决全部为负面，如"抢劫、抢劫犯罪分子、持刀威胁、暴力抗拒抓捕"，凸显其行为的不合法性，应承担全部的法律责任；而被告人致人死亡法律事实明确，对其负面裁决"撞击姜X致死"则通过刑法的强势投射（完全符合我国刑法第二十条规定的正当防卫的要件）予以否定，最终得出整篇辩护词否定被告人（有）"罪"的辩护结论。

[**例7**] 综上所述，黄XX在遭遇**抢劫**（－social sanction）后，驱车抓捕作为**抢劫犯罪**分子（－social sanction）的姜X等二人，在姜X等二人**持刀威胁**（－social sanction），以**暴力抗拒抓捕**（－social sanction）的情况下，以**车撞击姜X致死**（－social sanction），完全符合我国刑法第二十条规定的正当防卫的要件，依法不应承担刑事责任。恳请法庭依法宣告黄XX无**罪**（－social sanction）。[No. 1]

以上分析主要是针对被告人和被害人的显性裁决，此外律师还经常通过概念意义隐性裁决涉案人员的行为和品格，即通过在法律语境中讲述涉案人员做了什么来隐性裁决其行为是否得当或合法，如下例：

[**例8**] 在绑架实施前，被告人朱XX曾多次去过有关部门举报，并多

次打电话给公安机关值班室，要找领导反映枪械案的情况，反映王 XX 等人冒充警察绑架撕票的案件，可是没有结果。［No. 4］

例 8 中，辩护律师没有采用直接评价来裁决被告人朱 XX 的行为，而是采用物质过程（material process）"去有关部门举报"和"打电话给公安机关"和言语过程（verbal process）"找领导反映枪械案的情况"和"反映王 XX 等人冒充警察绑架撕票的案件"等来陈述被告人朱 XX 的举报言行，并采用强势级差两个"多次"的重复表明被告人在案发前确有举报行为且进行了多次尝试，然后用反预期（counter-expectancy）词"可是"表明被告人的举报言行没有结果，但这并不能否认被告人有举报立功的事实，这是辩护律师提出被告人有举报和阻止犯罪的想法和行动，应从轻处罚的重要事实依据。

［例 9］当黄 XX 发现姜 X 等二人坐在摩托车上时，**并未高速撞击摩托车，而是在距摩托车数米处紧急刹车，没有伤及**摩托车主。［No.1］

例 9 中，辩护律师用物质过程凸显被告人的行为，同时采用否定"并未高速撞击摩托车"，和反预期"而是在距摩托车数米处急刹车"，"没有伤及"第三人，表明被告人没有故意伤害他人，其开车撞击姜 X 是在行使正当防卫权，其防卫的对象是作为不法侵犯者的姜 X 本人，进而得出被告人行为符合正当防卫的对象条件这样的显性评价。在判决书中，隐性评价与显性评价相互呼应，为显性评价提供事实依据，共同完成裁决任务，为律师的辩护意见服务。

除了对涉案人员进行裁决外，公诉人、一审法院或证人及其行为也是律师显性或隐性裁决的对象，如认为公诉人对事实认定错误或法律适用不当，一审法院违背刑事诉讼法的程序或草率定案，证人作伪证或不负责任言论等以达到驳斥指控和说服目的。如以下两例均在分析事实和适用法律的基础上，对起诉罪名和一审判决予以否定，首先投射起诉书和一审判决书的内容，对产品的负面鉴赏隐性地、负面地裁决了制作该产品的人，即公诉人和一审法院，体现控辩双方的竞争关系，但运用隐性裁决避免与公诉人和法院直接冲突，引发对抗情绪，也符合纠问式庭审制度下律师的协商地位，便于辩护观点的接受。

［例 10］《起诉书》中认定程 XX 在各自的共同犯罪中起主要作用，系

主犯是**错误的**(t,－social sanction)。[No. 5]

[**例 11**] 一审判决书认定补偿给李 XX 15.000 元现金与事实**不符**,证据**不足**(t,－social sanction)。[No. 9]

综上所述,汉语刑事辩护词凸显对行为的裁决,社会约束类评价资源渗透于语篇始末,正面评价和负面评价往往交替出现,可涉及不同评价对象或同一评价对象的不同行为,有助于厘清诉讼当事人的责任和义务,利于辩护意见的接受。

10.3.4　鉴赏资源分析

根据马丁(Martin,2000)和王振华(2001)的理论,鉴赏类态度是对事物、现象或过程的评价,可细分为反应(reaction)、构成(composition)和价值(valuation)。律师在辩护词中鉴赏的对象一般是法律事实、证据证言、公诉意见以及一审判决等,多出现在辩护理由之中。下例是黄 XX 案辩护词中从法律事实出发的第一个辩护理由。

[**例 12**] 尽管本案在个别细节问题上尚存**疑义**(－reaction),但基本事实是**清楚明了**(＋reaction)的。[No. 1]

该例主要是对法律事实的鉴赏,首先指出本案个别细节仍存有"疑义",然后通过反预期"但"指明基本事实是"清楚明了"的,证明律师辩护是以事实为依据的,为下文辩护意见的提出奠定事实基础。

例 13 出现在同案第四个辩护理由对被告人正当防卫是否符合时间性要件法律适用问题的认定上。辩护人主张采用学界通用观点,而且对这种观点的鉴赏为"主流权威"观点,具有较高社会价值,支持法庭采用这一观点,而这一观点也是律师辩护分析时所依据的原则,如果法院采信这一观点,便易于接受被告人行为属正当防卫的裁决类辩护意见。

[**例 13**] 具体到本案,便是应该采纳学界的**主流权威**(＋valuation)观点,认定姜 X 等二人的不法侵害可以视为尚未结束,进而做出黄 XX 的行为符合正当防卫的时间性条件的裁决。[No. 1]

例 14 则通过投射"证词"疏远自己与徐 X、徐 XX 和高 XX 等对方证人所谓"证词"的关系,即律师不认为其可以称之为证词,并通过下文事实和证据将其否定为"违背事实,不可信",因此不能作为定罪依据。

[14] 南茂公司徐 X、徐 XX 和高 XX 等人的"证词"**违背事实**(－valuation),
不可信(－reaction)。[No. 5]

综上,汉语刑事辩护词中的鉴赏多出现在辩护理由当中,针对法律事实、
证据证言进行评价,对这些事物的鉴赏主要是为辩护意见服务,证明辩护观点
是否为法律事实、证据证言和权威观点所支撑和印证。

10.3.5　汉语刑事辩护词态度资源的分布特征

通过对所选汉语刑事辩护词语料中的情感类、裁决类和鉴赏类态度资源
的数据统计分析(见下表 10-1),我们发现辩护词语篇中裁决类评价使用最
多,占所有态度资源的一半以上,是评价的核心,这是由辩护词的语类目的决
定的。律师的辩护词语类就是为了说服法院和其他诉讼参与方接受自己关于
被告人行为的裁决,从而达到辩护目的。此外,辩护词中的另一类必选评价资
源是鉴赏类评价资源,其目的在于证明律师的裁决是有法律、事实和证据依据
的,而情感类评价资源在判决书中是可选的,律师依据案情对其进行选择,用
于营造和谐的情感氛围,促使听众移情并理解被告人的犯罪动机,从而为接受
律师的裁决服务打下基础。

表 10-1　刑事辩护词中不同语类阶段态度资源的分布情况

评价资源 案例阶段		情　　感	判　　断	鉴　　赏
No.1	论点	0	2	0
	论证	0	81	17
	结论	0	6	0
No.2	论点	0	1	2
	论证	0	11	1
	结论	0	2	2
No.3	论点	0	1	0
	论证	0	14	2
	结论	0	1	1
No.4	论点	0	2	0
	论证	8	12	5
	结论	0	1	0

（续表）

评价资源 案例阶段	情　　感	判　　断	鉴　　赏
No.5　论点 　　　论证 　　　结论	6 1 10	2 14 12	2 23 16
No.6　论点 　　　论证 　　　结论	0 0 2	1 5 7	2 8 4
No.7　论点 　　　论证 　　　结论	0 2 0	1 10 4	1 9 2
No.8　论点 　　　论证 　　　结论	0 0 0	1 10 3	3 10 0
No.9　论点 　　　论证 　　　结论	0 0 0	2 16 2	4 35 3
No.10　论点 　　　论证 　　　结论	4 1 1	2 9 6	4 6 3
总数(%)	35（7.92%）	242(54.75%)	165(37.33%)

　　刑事辩护词各个语类阶段中态度资源分布并不均衡,处于主导地位的裁决类评价渗透至辩护词语篇始末,贯穿于辩护词的论点、论证和结论中,显性评价和隐性评价共同起作用,凸显对涉案人员行为正当性和合法性的评价;鉴赏类评价资源多用于对法律事实和证据的评价以支持辩护意见,这类评价资源在辩护理由部分,即论证部分是必选的辅助证明裁决类的辩护意见,但在论点和结论部分是可选的,主要用于反驳起诉书的意见,体现控辩竞争关系;情感类评价的使用受案件情节影响较大,具有可选性,根据案由较为自由地出现在论点或结论处,也可以出现在对被告人犯罪动机进行阐释的辩护理由中或者完全不出现,它的使用可以为辩护意见的提出接受创造情感语境,体现结盟听众的合作关系。这样,刑事辩护词中的态度资源在辩护词中就形成了这样的特征,论点部分的必选资源是裁决,可选资源是鉴赏和/或情感;论证部分的必选资源是以裁决为主并辅以鉴赏,可选资源是情感;结论部分的必选资源是

裁决,可选资源是鉴赏和/或情感。

10.4　结　语

在态度系统网络中,情感居于中心地位,因为它是人们与生俱来的产物,而裁决和鉴赏被视为机构化的情感(institutionalized feeling)(Martin,2000)。但在高度制度化的法庭语境中,汉语刑事辩护词作为律师对被告人是否犯罪以及罪行轻重的意见,凸显了社会约束类裁决资源的运用。在法庭审判中,辩护词的评价核心在于裁决,情感和鉴赏服务于裁决。汉语刑事辩护词中不同态度资源存在并发散至辩护词的不同阶段,在其语类不同阶段呈现出裁决(鉴赏和情感)^裁决为主,辅以鉴赏(情感)^裁决(鉴赏和情感)的态度韵律模式。律师首先运用裁决类资源将自己对案件及被告人的价值判断传达给听众,为了说服听众,进而运用鉴赏类资源来辅助支持包含裁决的价值判断,最后再次强化自己的裁决,引起听众的共鸣,这种态度韵律模式在辩护词语类不同阶段凸显裁决类价值判断,并通过介入和级差资源调节并强化对其证明,有助于说服法官及听众接受律师的裁决判断。总之,对辩护词态度资源及其分布规律的研究可为辩护词的制作提供一定的指导和借鉴,汉语刑事辩护词中律师对不同态度资源的有效利用和合理安排,可潜移默化地影响法官和听众的观点,作用于说服目的,对保护被告人的合法权利和利益,实现司法公正和社会公平具有重大意义。

第四部分

适用立地之案例语义析理

　　具体案例和语例研究能为司法话语分析提供深层次解读，是研究法律语篇和法律行为的重要手段。本书第四部分主要包含具体的国内外法庭语篇或司法过程语篇分析。第 11 章以美国辛普森案为例，从系统功能语言学情态系统出发，分析和讨论了法庭交叉质询所揭示的人际关系。第 12 章从山东德州的一个刑事案件出发，运用系统功能语言学视角对该案中"自首"和法定的"自首"进行了深入的比较研究。第 13 章以美国司法史上影响力最大的案例之一——马伯里诉麦迪逊案为研究对象，着重分析了案例中语言使用的过程，探讨法官是如何运用让步语言化解冲突的。第 14 章以交通事故处理过程的话语为分析对象，通过分析交警和事故当事人的对话协商来说明话语权力关系，并对实际执法过程的语言运用提出建议。

第11章
交叉质询双方的语言优势
——辛普森案法庭语篇的"情态"分析

11.1 引 言

吉本斯(Gibbons,1999)说"法律就是语言"。麦考密克也认为,法学其实不过是一门法律语言学。(王洁,1999:2)这都说明语言在法律中起着至关重要的作用。

随着法律科学的迅速发展,法律语言的研究日益受到语言学家的重视。近年来,国外越来越多的语言学家在法学领域日益活跃,有的亲自出庭作证,用语言证据捍卫正义,如美国华盛顿特区乔治城大学的语言学家罗杰·舒意教授(吴伟平,1994)。他们为具体的案例做了大量的语言研究工作(Bhatia, 1987;Coulthart,1994;Eades,1994;O'Barr,1982;Gibbons,1994;1999; Goodrich,1987;Shuy,1992;Walsh,1994;1999;Wu,1996;1998 等)。这些工作涉及的学科有语音学、对比语言学、社会语言学、心理语言学、认知语言学、语用学、修辞学、笔迹学、翻译学和话语分析等,涉及的内容既有立法语言,也有司法言语,讯问语言等。司法言语中,法庭话语(courtroom discourse)分析是语言学研究的新热点。

法庭话语分析指对发生在法庭审判过程中的任何言语行为的分析。法庭话语主要包括向陪审团举证,控辩双方的开庭综述、法庭询问、结案辩论、反质辩论,法庭翻译,法官的指令,陪审团的判决等。法庭话语分析的主要内容之一是"律师—证人"型询问(examination),以交叉质询(cross-examination)为主。

辛普森杀妻案(O. J. Simpson murder case)的审判自 1994 年年底开始延续了 474 天,号称"世纪审判"(Trial of the Century)。该案中出现了美国当代法律界首屈一指的权威人物,如约翰尼·柯克伦(Johnnie Cochran)律师,因此,此案中不乏他们的恢宏辩才和机动灵活的对垒技巧。令人关注和惊奇的是,看似凶手的辛普森结果被宣判无罪。其原因与控方主要证人之一的证词不无关系,而这位证人就是探长马克·福尔曼(Mark Fuhrman)。福尔曼探长在交叉质询中闪烁其词,让询问他的辩方律师贝利(F. Lee Bailey)占了上风。最明显的一幕是,他不承认在过去十年里曾用过"黑鬼"(nigger)这个词,但在法庭上出示的证据证明,在他与电影剧本作者的谈话中,他曾使用"黑鬼"一词41次。辩方律师(柯克伦)抓住这一事实不放,大做文章,最后福尔曼被认定是个十足的撒谎者和种族主义者。他的证言被宣布无效。当然,控方失败的原因还有其他,如控方律师队伍的无能与疏忽,即他们没有向法庭提交三个重要的证据:① 追猎辛普森的布朗科白色面包车;② 所谓的自杀遗书;③ 案发第二天辛普森的口供。[据原公诉人文森特·布廖西(Vincent Bugliosi),"合家欢"硬拷贝(Hard Copy)版块:大审判(The Verdict),1996]本章所关心的主要是法庭语篇分析,因此,只关心前者,对后者不展开讨论。

笔者所选交叉质询片段(见附录)出自许卫原(1997)编法律出版社出版的《O.J.辛普森案诉讼文书选》一书。该段展示的是交叉质询中贝利与福尔曼的较量。我们在发展系统功能语言学情态系统的基础上,分析辛普森一案中的法庭交叉质询,从语言学的角度找出法庭交叉质询所揭示的人际关系。最终的结论是,在辩论中,客观、肯定的言语让说话者拥有优势。主观、含混的言语使说话者处于劣势。

11.2 理论框架

富勒认为情态是"明显控制的法则,人们通过它来约束对所言内容的真实程度,来表达对所要表达的内容或所指事态的观点"。(Fowler,1996:168)此外,情态还表达使用者的义务、允诺或建议。(Halliday,1994:357;Finegan,1999:202-203)有关表达情态的语言手段,富勒认为有情态助词、情态副词和评价性形容词及副词,还有表达了解、预知和评价的动词,如"看上去"(seem)、"相信"(believe)、"猜测"(guess)、"预测"(foresee)、"同意"(approve)、"不喜欢"(dislike)等。(Fowler,1996:168)

富勒的研究缺乏系统化以及研究的精细度。系统功能语言学派的代表人物韩礼德的研究在这方面给予了弥补。(参看 Halliday,1994:88-92,354-

363)他认为我们在交际过程中,除了表达肯定和否定的两极可能性外,还有介于二者之间的可能性,即"中间状态"。比如"要说他们'也许'问了我 8 个问题,我心里'可能会'觉得舒服些。"例句中斜体部分都没有表示完全可能或完全不可能。(比较:"要说他们问了我 8 个问题,我心里就舒服。")这种介于肯定与否定之间的可能性或中间状态在系统功能语言学里叫做"情态"(modality)。通过命题(proposition)传递信息的情态系统包括两部分,即概率(probability)和常现率(usuality)。概率又分低量值(可能)、中量值(很可能)和高量值(肯定)(有关量值,详见下文)。常现率也是如此,分为低量值(有时候)、中量值(通常)、高量值(总是)。通过提议(proposal)进行交换"商品"或提供"服务"的情态系统也分两部分,即义务(obligation)和意愿(inclination)。义务和意愿也分低中高量值。有关英语语言情态系统的总体概貌如下表所示(Halliday,1994:91):

表 11－1　英语非隐喻性情态系统

商品交换	言语功能		中间状态类型		典型实现	例　子
信息	命题	陈述、提问	情态化	概率:可能/很可能/肯定	情态限定词 情态状语 上述两种合用	They must have known (他们肯定已经知道了) They certainly knew (他们保证是知道了) They certainly must have known (保证他们肯定已经知道了)
				常现率:有时/通常/总是	情态限定词 情态状语 上述两种合用	It must happen (这事儿肯定要发生) It always happens (这事儿总是发生) It must always happen (这事儿肯定总是发生)
货物/服务	提议	命令提供	意态化	义务:允许/应该/必须	情态限定词 被动谓词	You must be patient! (你必须要耐心) You're required to be patient! (你应该耐心)
				意愿:愿望/愿意/决心	情态限定词 形容词谓词	I must win! (我必须赢) I'm determined to win! (我决心要赢)

此外，韩礼德还讨论了情态系统的隐喻现象（metaphorical modality），有表示主观的"我想……"（I think …）、"我认为……"（I believe …）、"我肯定"（I am sure …）等投射（projection）小句，也有表示客观的"可能……"小句（It is possible that …, It is probable that …, It is certain that …），也就是说，情态有主观和客观"取向"（orientation）（Halliday，1985：336；1994：357）。"取向"系统见图 11 - 1。"明确主观取向"（explicitly subjective）和"明确客观取向"（explicitly objective）都是隐喻性的，由小句来表达的。与其相对应的为非隐喻性情态，即由情态动词或情态副词表达的情态。介于语法隐喻和非语法隐喻之间的是由介词短语表达的情态，如"在我看来"（in my opinion），"就可能性而言"（in all probability）。我们认为由介词短语表达的情态可以转换为隐语性情态，如"在我看来"（in my opinion）可转换为主观隐语"我认为"（I think）；"就可能性而言"（in all probability）可转换为客观隐语"极为可能的"（it is most probable）。所以，在分析过程中我们把它们归于隐喻类。

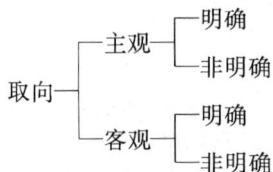

图 11 - 1　隐喻性情态的
取向系统

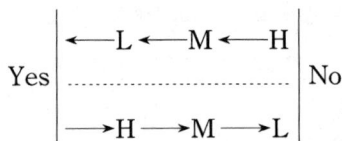

图 11 - 2　情态高中低量值极性表
（Yes：肯定极；No：否定极；H：高量值；
M：中量值；L：低量值；箭头：极性方向与程度）

　　所有的情态都是指肯定与否定之间的中间状态。因此，任何情态表达的意思都不是百分之百的肯定，也非百分之百的否定，都与事实有一定的距离。"他可能在家"不如"他在家"肯定，因为后者是事实。"他可能不在家"不如"他不在家"否定程度高，前者是对否定的猜测，后者是对事实的否定。"我想他在家"不如"他在家"肯定。"我想他不在家"不如"他不在家"否定程度高。中间状态的量值根据不同情态用语含义分低中高等级。高量值的情态最接近极性（polarity），中量值次之，低量值最远。（图 11 - 2）"他肯定在家"比"我想他在家"更靠近肯定极，但还是不如不加任何情态用语的"他在家"肯定。"他肯定不在家"比"我想他不在家"更接近否定极，但还是不如"他不在家"否定程度高。

　　在情态系统中，极性程度越高，肯定/否定程度越高。但"我想他肯定在家"（I think he must be home）（主观隐喻情态 + 非隐喻情态）这种情态累用现象会降低极性程度。"我想他肯定在家"不如"他肯定在家"肯定,更不如"他在家"肯定。不过这种情态累用增强了主观性,能明显揭示言语者的立场、观点和态度。另外一种情态累用现象是"客观隐喻情态 + 非隐喻情态",例如"可能他肯定在家"(It is possible that he must be home)(注:该句指"他肯定在家"是"可能"的)。这种情态累用也降低极性程度,但所反映的言语者的立场、观点、态度比较客观。

　　人们在一定的语言场内因语言而形成不同的地位,我们称之为言语优势。从弗洛伊德的精神分析理论看,每个人都有"本我"(id)、"自我"(ego)和"超我"(superego)。"在正常情况下,本我、自我和超我是处于一个平衡状态中的。"(彭祖智,1991)每个人都有"本我"的欲望。这种欲望包括本能的权力欲。权力欲通过"自我"和"超我"实现,即通过心理意识、社会意识和道德意识实现。这些意识归根结底都是通过语言来传递的。这种通过语言传递的权力欲体现在说话者与听话者之间就是言语优势关系。言语优势关系主要通过控制/失控言语过程来实现。控制/失控言语过程主要体现在语言的不同层面,语法手段有语气和情态,语篇手段有话轮,词汇手段有情感词、评价词、鉴赏词等(Martin,2000;王振华,2001)。本章只讨论情态。

11.3　分　析

　　以下分析所遵循的主要是表 11 - 1 和图 11 - 1、11 - 2 所示的理论,即隐喻性和非隐喻性情态及其量值(value)。非隐喻性的情态根据所属的类别(见表 11 - 1)来考察。如概率系统中从低到高为可能/很可能/肯定(possible/probable/certain);常现率系统中从低到高为有时/通常/总是(sometimes/usually/always);义务系统中从低到高为允许/应该/必须(allowed/supposed/required),意愿系统中从低到高为愿望/愿意/决心(willing/keen/determined)。隐喻性的情态也是根据中间状态的程度从低到高来考察的。主观系统以小句投射的主观力度为标准,力度大为高量值,力度小为低量值,从低到高的序列为我认为/我相信/我肯定(I think/I believe/I am sure)。应该指出的是,三者的否定式表达的量值有所不同。我认为(I think)和我相信(I believe)否定后的量值不变,但我肯定(I am sure)否定后从高量值降到了低量值,相当于我不知道(I don't know)。主要原因是我认为(I think)和我相信(I believe)的否定式否定的是其后小句表达的事态,但我肯定(I am sure)的否定不是否定其后小句表达的事态,而是否定说话者的自信心。试比较 I am not sure if he is home(我不敢肯定他是否在家)和 I am sure he is not home(我肯定他不在家)两句的否定量值。客观系统以小句后表述的事态的可能性大小为准,从低到高的序列为可能/很可能/肯定(It is possible/It is probable/It is certain)。低中高量值反映言语者的极性程度,即肯定/否定程度(图 11-2)。无论隐喻性、非隐喻性还是量值极性都以语义功能(semantic function)为依据。以下是笔者对语料所做的分析:

表 11-2　贝利律师话语情态系统分析

编号	贝利律师	汉语译文	隐　喻	非隐喻
1	*I take* you make no inquiry as to who they were then? (4)(注:该数字是该句在所选片段中的序号,下同)	我认为你当时就没有问他们是谁?	*I take*: 主观:低量值	
2	Is this the *only* time that you were questioned in a modified court setting ...? (6)	那是你仅有的一次在法庭背景下被问起吗?		*only*:命题:概率:高量值
3	*I take it* they are all this year. (8)	我认为这些对话都发生在今年。	*I take it*: 主观:低量值	
4	If you *could* use numbers, it *would* be much more helpful to us. (12)	如果你能用数字,那将对我们有很大的帮助。		*could/would*:提议:义务:低量值
5	Were you engaged in *at least* ten visits ...(13)	你是否与……至少见了十次面?		*at least*:命题:概率:高量值
6	*Can* you explain that to us? (27)	你能给我们做一解释吗?		*can*:提议:义务:中量值
7	You can't. (29)	你不能。		*can't*:提议:义务:中量值
8	*I'm sure* it was more explicit ...(34)	我敢肯定……更加清楚	*I'm sure*: 主观:高量值	
9	That *would* be three and a fraction per lawyer. (59)	平均一个律师问了三个还要多的(问题)。		*would*:命题:概率:中量值

（续表）

编号	贝利律师	汉语译文	隐　喻	非　隐　喻
10	How *was it possible* for people to prepare you …（64）	人们怎么可能让你……	*was it possible*：客观：低量值	
11	*I thought* something was read to you …（86）	我想……给你读了些东西	*I thought*：主观：低量值	
12	*Can* you tell us what you meant …（87）	你能告诉我们你是什么意思吗……		*can*：提议：义务：中量值
13	I want you to assume that *perhaps* at sometime since 1985 …（150）	我想让你假设，也许 1985 年后的某个时候……		*perhaps*：命题：概率：低量值
14	*Is it possible* that you have forgotten …（151）	你是否可能已经忘记……	*Is it possible*：客观：低量值	
15	Anyone who … quotes you as using that word in dealing with African Americans *would* be a liar, *would* they not …?（157）	任何……说你把那个词用于黑人身上的人都是撒谎者，对吗？		*would*：命题：概率：中量值

表 11‑3　福尔曼探长话语情态系统分析

编号	福尔曼探长	汉语译文	隐　喻	非　隐　喻
1	I *would* have a difficult time on numbers.（10）	我老是在数字上记性不好。		*would*：命题：概率：中量值
2	*I think* that *would* be the high number.（14）	我想（你说的）那个数大了。	*I think*：主观：低量值	*would*：命题：概率：中量值
3	*I don' think* it *would* be that many.（15）	我想没有那么多。	*I don' think*：主观：低量值	*would*：命题：概率：中量值
4	I *would* feel comfortable with *maybe* eight.（16）	也许八个，我会舒服些。		*would*：命题：概率：中量值 *maybe*：命题：概率：低量值
5	*To the best of my knowledge*, yes.（24）	就我所知，对。	*To the best of my knowledge*：主观：高量值	

（续表）

编号	福尔曼探长	汉语译文	隐 喻	非 隐 喻
6	(Can you explain that to us?) No, I can't. (28)	(你能向我们解释一下吗?)不, 不能。		*can't*：提议：义务：中量值
7	*I don't believe* so. (42)	我不这样认为。	*I don't believe*：主观：中量值	
8	*I am not sure* on that. (43)	那一点, 我拿不准。	*I am not sure*：主观：低量值	
9	*I don't believe* it did, no. (44)	我不相信[问题中涉及凯瑟琳·贝尔 (Kathleen Bell) 这个名字], 没有。	*I don't believe*：主观：中量值	
10	It *would* be hard to estimate. (49)	很难估计。		*would*：命题：概率：中量值
11	Also less than ten, *I am sure*. (50)	也比十少, 我保证。	*I am sure*：主观：高量值	
12	I believe it was on a declaration. (66)	我认为(那个问题)是在宣誓中提到的。	*I believe*：主观：中量值	
13	*I believe* it was two or three weeks ago. (104)	我认为那是两三周前的事。	*I believe*：主观：中量值	
14	I *might* have offered that. (111)	(当时)我可能那样表示了。		*might*：提议：义务：低量值
15	*I am not sure* I can answer the way you phrase it, please. (147)	你那样提问, 我不能肯定我能回答。	*I am not sure*：主观：低量值	*can*：提议：义务：中量值
16	No, it's not possible. (152)	不, 不可能。	*it's not possible.*客观：低量值	
17	(Anyone ... would be a liar ....?) Yes, they *would*. (158)	(任何人……会是个撒谎的人?)对, 是的。		*would*：命题：概率：中量值

我们所选片段共 168 个句子(以句尾标点符号为准)。其中 80 句为贝利

所说(2 句是对福尔曼以外人的发问),66 句为福尔曼所说,22 句为法庭其他人员所说。贝利和福尔曼使用的情态用语统计结果如下表:

表 11-4　贝利和福尔曼话语情态系统分析

情态 言语者 句子	隐喻						非隐喻			总数	百分比
	主　观			客　观							
	低	中	高	低	中	高	低	中	高		
贝利　80	3	—	1	2	—	—	3	4	2	15	19%
福尔曼　66	4	4	2	1	—	—	2	8	—	21	32%

11.4　讨　论

　　庭审的过程是正义与非正义的较量过程。控辩双方为达到各自的目的,对所言内容都会毫不隐蔽地表达自己的态度。其中,情态起到很重要的作用。在交叉质询中,询问方和被询问方的语言优势是使用 *Vous* 时体现的地位关系,即上下级之间的关系。(Wardhaugh,1992)这种关系除了约定俗成的社会因素导致外,主要是语言因素使然。语言揭示的态度越客观,说服力越强,越能反映言语者的优势。相反,态度越主观,说服力越差,言语者越处于劣势。下面分别从隐喻系统和非隐喻系统、量值,以及隐喻情态和非隐喻情态的累用情况来考察询问者和被询问者之间的言语优势。

11.4.1　隐喻系统

　　使用隐喻还是非隐喻是一种选择。韩礼德认为,选择就是意义。一般来说,选择主观隐喻,说明说话者主观上较肯定、对事态的立场较鲜明,敢于负责,但同时有不尊重事实的嫌疑。选择客观隐喻,说明说话者倾向于让事实说话,尊重事态的实际,显得较为客观。但有逃避责任的嫌疑。选择低量值、中量值还是高量值,会影响揭示的意义。低量值的隐喻带有不确定性,置说话者于守势,使说话者显得底气不足。高量值的隐喻带有强烈的确定性,置说话者于攻势,使说话者显得霸气。

　　在所选交叉质询片段中,贝利律师使用了 6 处隐喻情态,而福尔曼使用了11 处,比贝利多 5 处。贝利使用的 6 处中 4 处为主观,2 处为客观。福尔曼使用的 11 处中 10 处为主观,1 处为客观。这说明,福尔曼比贝利对事态有更多的个人介入。此外,贝利使用的隐喻情态 5 处为低量值,1 处为高量值,没有中量值。福尔曼使用的隐喻情态 5 处为低量值,4 处中量值,2 处高量值。二人使用的低量值隐喻数量是一样的,说明二人都有不确定性。但不同的是,贝利的不确定性目的是诱导福尔曼道出实情。福尔曼的不确定性多数是对事态的否定,更显底气不足。福尔曼使用的中高量值都比贝利多,尤其是中量值。这说明福尔曼说话时的主观程度较高,同时也反映出他对事态的确定性,试图使自己反守为攻。

11.4.2　非隐喻系统

贝利律师使用了 9 处非隐喻情态,而福尔曼使用了 10 处,比贝利多 1 处。从数字上看没有显著差异。不过贝利使用的提议情态语(4/9)多于福尔曼(3/10),相差 14 个百分点。因提议意味着说话者向听话者提出要求或下达命令,所以说话者比听话者有优势。另外,福尔曼的提议情态均是在答语中出现。这说明贝利比福尔曼有更大的优势。福尔曼使用了 7 个命题情态(全部是中量值的 would)。因命题主要是提供信息,所以绝大多数情况下福尔曼处于劣势地位。贝利虽使用了 5 个命题情态,但量值是 2 高 2 中 1 低,加之贝利的命题情态起的都是核实(句 6、59、150、157)和强调(句 13)的作用,这样贝利的优势地位就明显地得以体现。

11.4.3　句内累用情态

一个小句复合体(clause complex)或平常所说的句子中出现两个或两个以上的情态用语我们称之为句内累用情态,即上文提到的两种情态累用的情况:"主观隐喻情态 + 非隐喻情态"和"客观隐喻情态 + 非隐喻情态"。在所选交叉质询片段中,贝利基本没有句内累用情态的现象,但福尔曼使用了 4 次。它们分别是:

句 14:*I think* that *would* be the high number.〔我想(你说的)那个数大了。〕

句 15:*I don't think* it *would* be that many.(我想没有那么多。)

句 16:*I would* feel comfortable with *maybe* eight.(也许八个,我会舒服些。)

句 147:*I'm not sure* I *can* answer the way you phrased it, please.

（你那样提问，我不能肯定我能回答。）

句 14、15、147 都是"主观隐喻情态 + 非隐喻情态"。这无疑说明福尔曼的主观性和不确定性。句 16 中的情态累用属两个非隐喻性情态连用，量值一中一低。这里的低量值概率 maybe（可能）很致命，使他所提供的信息可信度大大降低。

11.4.4　句际累用情态

所谓句际累用情态，是指说话者在连续的几个句中全部使用情态，对某个命题或提议连续做出评价，显示自己的态度和立场。在所选交叉质询片段中，贝利没有使用句际累用情态，但福尔曼使用了 3 次。其中 2 次是 3 个句子，1 次 2 个句子。第 1 次（句 14、15、16）是针对贝利想澄清他与控方律师见面的次数而作出的反应。这三句不仅出现了句际累用情态，而且还在每个句中出现了句内累用情态。这样一来，这三句的说服力几乎等于零，因为情态连用越多，肯定性越弱。第 2 次（句 42、43、44）类似第 1 次，但没有交叉使用两种累用情态。第 3 次（句 49、50）渐显强肯定。句 49 用了无人称主语，显得客观；句 50 用了高量值主观隐喻情态，表示肯定和主观。但此时的客观和肯定因此前的不确定性而丧失了其说服力和可信度。

综上所述，福尔曼喜欢个人介入，说话时带主观色彩，使陪审团认定他的话可信度不大。相比之下，贝利讲话时客观性较强。在英语文化中，客观远比主观具有说服力，人们往往信服客观的东西而对主观的东西存疑。20 世纪末澳大利亚大选中本来有希望获胜的工党领袖比斯利却输给了霍华德，原因之一就是他与霍华德在投票前的电视辩论中用了太多的高量值主观情态用语。法庭上，客观就意味着获胜，就意味着优势。能够根据情境驾驭和调节情态用语的人要比不能驾驭和调节情态用语的人有优势。仅从情态系统看，贝利的优势远远大于福尔曼。

11.5　结　语

本章建立了一套情态理论系统，分析了英美法系中的交叉质询。这样做的目的是想通过语言实证来研究交叉质询双方的言语优势。情态系统在交际中起着重要的作用。肯定、客观地说话使说话者拥有优势，在交际中起着主导作用,会达到良好的效果。而模棱两可、主观性强的话语使说话者处于劣面,无法控制交际局面,甚至可能导致交际失败。善于驾驭情态,可使人在交际中游刃有余,处于不败之地。但情态理论整体上来说属语法范畴。仅用语法范畴阐释言语者的优势是不够的,还需要结合语义和语境理论。有关后者,笔者将在后续研究中再行讨论。

第12章
"自首"的系统功能语言学视角

12.1 引　　言

《南方周末》2004年1月15日A6法治版刊载了题为"强奸杀人重罪何以改判死缓"的文章。该文介绍了19岁男子黄法俭将17岁女孩巩秀春致昏强奸后掐死一案。2003年3月7日,德州市中级人民法院判处黄法俭死刑,立即执行,并赔偿附带民事诉讼原告人经济损失3000元。但黄法俭不服,向山东省高级人民法院上诉。2003年5月27日,省高院改判死刑缓期两年执行。

两次审判结果的差异并不是因对"事实"认定所致,而是是否考虑"犯罪后果"。"事实"指黄法俭有"自首"情节。市中院认定黄法俭有自首情节,但犯罪后果过于严重,不予从轻,所以判黄死刑,立即执行。省高院同样认定黄法俭有自首情节,所以改判死刑缓期两年执行。

从报道看,两法院认定黄法俭有自首情节的依据都是临清市铁路公安处车站派出所出具的"查获经过",现录如下:

> 2002年8月18日上午9时40分,我(张明)与徐智在临清市火车站站台巡视,发现站北进站信机部有一男子在线路上行走,我们便上前将其拦住对其进行盘问,盘问时发现其带有管制刀具,便又带至临清所(公安派出所)对其进行继续盘问。经盘问,该男子供述自己叫黄法俭,男,19岁,1983年6月2日出生,在山东省夏津县郑保屯镇郑保屯村,因强奸杀人后逃跑来到临清。经与夏津县城西公安分局联系,证实该案件属实。

根据法律规定,如果黄法俭有自首情节,就应该从轻量刑。问题是黄法俭的行为是不是自首。《中华人民共和国刑法》规定,"犯罪以后自动投案,如实供述自己的罪行的,是自首。"(《刑法》总则第四章第三节)但"经盘问,该男子供述自己叫黄法俭,男,19岁,1983年6月2日出生,在山东省夏津县郑保屯镇郑保屯村,因强奸杀人后逃跑来到临清"是不是自首?

笔者认为黄的供述从根本上讲不是"自首",依据是语言学分析法。为使分析具有客观性和解释力,我们在系统功能语言学的大框架下,尽可能多地设置一些分析参数(见下节),从元功能和评价价值入手,分析和比较法定"自首"和该案所谓"自首"的区别。

12.2 分 析 框 架

国外不少学者通过研究语言的语法结构来预防或调查犯罪行为(如Pullum,2004),或提供专家证言(如Shuy,见吴伟平,2002)。笔者认为,在法律语言分析中,语法结构的分析是必须的,但不是全部的,因为有些情况仅从语法结构的分析是看不出问题的实质的。本节依据的理论框架是系统功能语言学的元功能理论和语言评价理论。这样做的目的是把语法、语义、语用等因素都纳入语篇分析中,更细致、更全面地研究语言的意义。

12.2.1 元功能框架

(1)概念功能。(详见Halliday,1994:第五章)从及物性系统看,小句就是过程,表达经验意义和逻辑意义。一个过程中必须有过程动词。动词决定动作的参与者。参与者可以是动作的传递者,也可以是动作涉及的对象。另外,动作过程常在一定的环境中出现。及物性系统的中心是过程动词与参与者之间的配置,这种配置是语言使用者要表达的主要意思,环境辅助该配置构成整个小句过程(王振华,2004)。

(2)人际功能。(详见Halliday,1994:第四章)从语气系统看,每个小句都有两部分组成:语气部分和剩余部分。在英语陈述语气(包括疑问语气和感叹语气)小句中,语气部分是指主语和限定词二者的组合。该组合表达人际意义,即语言使用者运用该组合协商小句表达的命题——或同意,或质疑。另外,情态状语和评注状语也属于语气部分。小句其他部分为剩余部分,包括谓词和/或补语以及一般状语。在陈述语气小句中,语气部分是中心,剩余部分起辅助作用。在祈使小句中,一般认为没有语气部分(否定,强调,或主语出现的除外),只有剩余部分。因此,祈使小句的协商性小,命令性强,说明说话者给听话者留有较少的协商余地。尽管汉语的人际功能实现方式与英语不同,但表达的人际功能还是类似的。(参看胡壮麟等,1989:第五章)

(3) 篇章功能。(详见 Halliday,1994:第三章)从主位系统看,一般认为主语前的成分为主位,其余为述位。就主位和述位之间的关系而言,主位是中心,述位起辅助主位的作用。主位是一个小句的信息起点,是命题讨论的对象。按其功能,主位分① 主题主位,由主语或一般状语充当;② 人际主位,由情态状语或评注状语充当;③ 篇章主位,由连接词充当。

12.2.2 评价系统框架

张嘴皆有目的(王振华,2003a),"发话即是判断"(To breathe is to judge)(Dryden,1660s,引自 Sarangi,2003:165)。以上两例说明"话"能揭示说者的态度。也就是说,语言具有评价性。在系统功能语言学中,语言中的评价资源来自语言的评价系统。马丁建构的评价系统由态度、介入和级差三个主系统构成。其研究是围绕态度进行的。(参见 Martin,2000;王振华,2001)如何介入和介入到什么程度(级差)都是为态度服务的。态度系统由情感、判断和鉴赏三个次系统组成,以情感为中心。态度分主观态度和客观态度,积极态度和消极态度。态度导出权势。态度的这些属性通过语言表现出来,生成态度的情感意义、判断意义和鉴赏意义,以及权势关系(距离感和亲和力)。

笔者认为语言成分所表达的意义对评价系统都有贡献。这种贡献我们称之为语言的评价价值。(王振华,2005)这种评价价值体现在从词素到篇章等各个语言层面①,但以小句为基本单位,并跨越小句界限,从小句辐射到其他层面。

语言的评价价值通过语义来实现。我们这里所说的语义,指语法语义、词汇语义、语境语义和语类语义。一个小句所投射的评价受制于小句的语法语义、词汇语义和语境语义。大语篇②所投射的评价除语法语义、词汇语义和语境语义外,还受制于语类语义。本节只处理前者。

---

① 邢福义在《汉语语法学》(导言)(东北师范大学出版社,1996)中认为语素、词、短语是语法实体的"构件单位",而小句、复句和句群才是"表述单位"。言外之意,语素、词和短语在言语交际中不起表述作用。笔者同意语素、词和短语是"构件单位"的说法,但同时认为,这些构件单位都有自身的表述作用。如英语的 Sing a bloody pore 因多了中级 bloody 这个词素而具有表述作用。汉语中也有类似的例子,如"他不来关我屁事。"

② 大语篇指由段落或章节构成的完整篇章。与之相对应的是"小语篇"。小语篇指小句复合体及其以下的语篇。

语法语义指由系统功能语法中三个元功能所产生的意义,既包括概念意义和人际意义又包括篇章意义。

词汇语义主要指具有评价意义的词汇意义,如具有情感意义的"幸福"(happy)等;具有判断意义的"高尚"(noble)等;和具有鉴赏意义的"漂亮"(beautiful)等。通常,语法语义和词汇语义属于语言学意义或"共核意义"(王振华,2003a;2003b)。"共核意义"具有规约性(conventional)、普遍性和离境化性(decontextualization)。笔者认为,这些语义只有与语境相结合才是语言使用时的真正意义。因此,需要与语境语义和语类语义结合起来研究。

语境语义指一个语言项进入运用后因受情景语境、文化语境或社会语境的影响所产生的意义。如:"你今年几岁了?"其共核意义是"告诉我你今年的年龄"。这个语言项含有已知情景语境——说话者和听话者,以及说话者询问听话者年龄等。但如果说话者的年龄大大小于听话者,听话者听到这句话时的感受很可能是不悦的。事实上,说话者说这句话时已有立场。因此,这样一个本来没有语法错误也没有用词错误的句子,因为使用对象不得体——不符合"长为尊"的中国文化语境和社会语境,而产生了语境语义。

语类语义是指大语篇在建构过程中产生的格律性和社会目的性。也就是说,一种语类的语篇发展,因要达到的目的不同,其发展步骤也不同。这种为达到某种目的的发展步骤就是语篇的格律性。如"守则"语篇是为了规范行为,其篇章格律性通常是一元的,即直接提出"要求",常用的字眼是"不""不应该""禁止""应该"……。"守则"语篇偶尔是二元的,即在开头说明制定该守则的前因后果,然后列举条款。这种语类格律性对评价理论的贡献在于建构积极或消极(either positive or negative)的权势关系和"圈子关系"(solidarity)。

由此,可构建如图 12-1 所示的评价价值系统。评价价值系统是评价价值的选择资源。

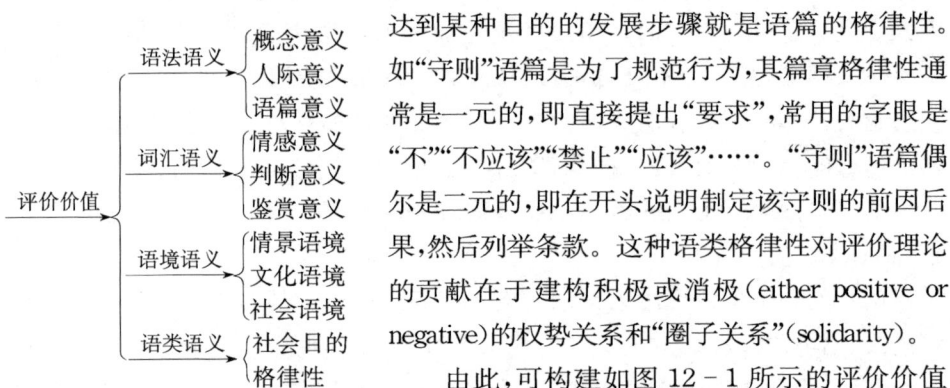

图 12-1 评价价值系统

12.3 法定"自首"分析

为便于分析,我们把《中华人民共和国刑法》对"自首"的定义列为例1,即:

[**例 1**] 犯罪以后自动投案,如实供述自己的罪行的,是自首。

12.3.1 元功能分析

12.3.1.1 概念功能

在及物性系统里,例 1 为内包式识别类,是关系过程,分析如下:

犯罪以后	自动投案,如实供述自己的罪行的	是	自 首
环境	参与者	过程动词	参与者
	价值/识别者	关系过程	标志/被识别者

例 1 的环境是“犯罪以后”,表示时间。过程动词为“是”。其动性传递要求有两个参与者。即“自动投案,如实供述自己的罪行的”——不带中心词的名词词组(Swan,1980:423 – 425),用以识别第二个参与者“自首”。换句话说,作为标志(token)的“自首”负载着作为价值(value)的“自动投案,如实供述自己的罪行的”。①

12.3.1.2 人际功能

人际功能主要由语气系统、情态和语调实现。汉语的语气系统主要是靠语气词来实现的。例 1 是陈述语气。汉语的陈述语气一般是“无标记”语气,无须添加语气词。(胡壮麟等 1989:130)例 1 是一个没有情态化的肯定命题,语调是降调。

12.3.1.3 语篇功能

语篇功能由主位系统实现。该系统由主位和述位组成。例 1 的主位系统分析如下:

犯罪以后	自动投案,如实供述自己的罪行的	是	自 首
状语	主语	限定词	补语
有标记主位	述位		

---

① 标志(token)由抽象的参与者实现,价值(value)由具体的参与者实现。本小句里,“自首”是一个抽象的参与者,“自动投案,如实供述自己的罪行的”是具体的参与者。马丁认为标志是主动语态的主体。(Token is the Subject in the active.)他举的例子是 *Oliver* [token] *was Hamlet*.(奥利弗是哈姆雷特。)当 'was'(是)由 'play'(扮演)替代时,替换后的主动小句是 *Oliver* [token] *played Hamlet*,(“奥利弗扮演哈姆雷特”)被动句是 *Hamlet was played by Oliver* [token].(哈姆雷特由奥利弗扮演)从这点看,我们分析的小句可以理解为:犯罪以后自动投案,如实供述自己的罪行的,被认为是自首。所以,自首是标志。另外,根据古德温和杜朗蒂在 1992 年提出的图底关系(figure-ground)理论,我们可以把抽象的“自首”看作是“背景”,把具体的“自动投案,如实供述自己的罪行的”看作“图形”。这样可以解释为什么例 1 中的“自首”放在句末。这种解释符合人们的认知规律。

从语篇功能上看,例 1 的信息起点是"犯罪以后"。因其语法范畴是状语,所以它是有标记主位,是述位陈述的主题。从三大元功能的分析可以看出,例 1 是陈述语气,讨论的话题是时间状语,描写的是参与者之间的动性传递。

12.3.2 评价价值分析

12.3.2.1 语法语义
例 1 的语法意义是:

(1) 在特定的环境中,参与者 1 是参与者 2。

首先,"参与者 1 是参与者 2"这个命题的论元位置具有不可变更性,因为例 1 是没有情态化的肯定命题,是断言。其次,"参与者 1 是参与者 2"只有在这种特定的环境(即犯罪以后)下才成立,因为犯罪以后是有标记主位,强调的是"时间",在该"时间"之后发生的事情起陈述说明的作用。

12.3.2.2 词汇语义
例 1 只有判断词,没有情感和鉴赏词。分析如下:

词汇	意 义	评价视角/内容	评价对象
犯罪	做出犯法的、应受处罚的事	负面/行为	人
投案	犯法的人主动到司法机关或公安机关交代自己的作案经过,听候处理	先负面后正面/行为	人
供述	受审者在受审过程中提供的陈述	负面/行为	人
罪行	犯罪的行为	负面/行为	人

从词汇意义上看,四个评价词都属于社会约束范畴,从负面的角度评价一个人的行为。"犯罪"和"罪行"属强势负面评价,而另外两个属弱势负面评价。值得注意的是,这些评价词的评价对象是非特指的,主要因为参与者 1 是个不带中心词的名词词组。也就是说,任何一个犯罪的人都在这些词汇的评价之列。另外,"投案"是先负面后正面,主要是因为"投案"的语义特征中有[+主动]成分。通过分析这些判断词,我们可以得出(2):

(2) X 的行为应受法律制裁,但如果 X 投案并供述罪行,其行为按自首论。

12.3.2.3　语境语义

跟语义特征一样,词语搭配也影响评价视角。词语搭配与语境有关。王振华(2002;2003b：Chapter 4)在弗斯(Firth,1957)和韩礼德(Halliday,1985/1994)理论的基础上发展了语境理论,认为语境包括情景语境、文化语境和社会语境。情景语境主要指语言运用中的人、事、物、时、地、因。文化语境主要指价值观念。社会语境主要指社会规范和言语互动者之间的社会地位和权势关系。

情景语境。"犯罪以后自动投案,如实供述自己的罪行的,是自首"中涉及"人""事""时"和"因"。这里"人"有两层意思,一层是语篇外的,即立法者和读者,另一层是语篇内的,即该句所指的"人"——投案和供述自己罪行的人。"事"指犯罪后犯罪人投案和供述。"事"的品质因受性质词语的修饰而有所变化,如上文提到"投案"。罪犯能投案,说明其有悔过动机,但这里要求的是"自动"而不是其他方式的"投案"。同理,"供述"必须是"主动"的,否则不符合"自首"的要求。"时"指的是犯罪人犯罪后。"因"指因为犯罪人犯罪后自动投案和如实供述。例 1 的情景语境意义可归纳为(3),

(3) 立法者称：任何人在犯罪后,必须是主动投案和如实供述罪行的,才是自首。

文化语境。本章研究采用狭义的文化概念。"指精神生产的能力和精神产品,包括一切社会意识形式"。(中国大百科全书哲学卷Ⅱ)社会意识由社会存在决定,"指社会的精神生活过程,是对社会存在的反映,包括人们的政治法律思想、道德、艺术、宗教、科学和哲学等意识形式及感情、风俗习惯等社会心理"。(同上)我们社会的政治、法律、感情和风俗习惯等社会意识形式形成的价值观念是,扬善惩恶,法律面前人人平等。一方面,"犯罪"是恶行,法律和人们对其要"惩"、要"贬"。另一方面,社会对悔过自新之举持肯定态度,俗称"浪子回头金不换"。因此,

(4) 在我们的文化里,犯罪以后自动投案,如实供述自己的罪行的,是自首。

社会语境。首先看社会规范。社会规范是在一个社会里约定俗成或明文规定的标准。这些标准是在社会意识的基础上形成的。先有思想或观点,然

后才有标准。社会对"犯罪"有一定的评判标准,对"犯罪后自动投案"有较一致的看法。社会为了更进一步规范这些"思想"或"观点",就形成了明文规定,即

(5) 无论什么人,犯罪以后,自动投案如实供述自己的罪行的行为,就是自首。

其次,讨论一下言语互动者之间的社会地位和权势关系。情景语境分析已经告诉我们,言语互动者指的是立法者和读者。立法者代表国家权力机关,读者泛指所有人。代表国家权力机关的立法者告诉所有人这样一个命题:犯罪以后自动投案,如实供述自己的罪行的,是自首。也就是说,立法者的社会地位和语言权势大于读者的社会地位和语言权势,具有威慑力和决定权。

综合我们的分析结果,可以得出法定"自首"的三要件:

1) 犯罪嫌疑人已有犯罪行为,
2) 犯罪嫌疑人自动投案,
3) 犯罪嫌疑人如实供述自己的罪行。

12.4　该案"自首"分析

12.4.1　元功能分析

笔者在12.1节中提到,两个法院在审理该案时均采信了临清市铁路公安处车站派出所出具的"查获经过",并把"经盘问,该男子供述自己叫黄法俭,男,19岁,1983年6月2日出生,在山东省夏津县郑保屯镇郑保屯村,因强奸杀人后逃跑来到临清"一句看作是"自首情节"的重要依据。为了便于分析,本文剔除该句中"自己叫黄法俭,男,19岁,1983年6月2日出生,在山东省夏津县郑保屯镇郑保屯村"等与"自首"关系不大的信息。由此得例2:

[例2] 经盘问,该男子供述……因强奸杀人后逃跑来到临清。

根据韩礼德(1994:第七章)的理论,这是一个"小句复合体"。从依存关系上看,两者为主从关系。主句是"该男子供述因强奸杀人后逃跑来到临清",

从句是"经盘问"。从逻辑—语义关系上看,从句依存于主句,是主句意义的扩展,对主句起提升作用。另外,主句内嵌一个从句(因强奸杀人后逃跑来到临清),与该男子供述形成投射依存关系,是主句投射的话语内容(locution)。更复杂的是,"因强奸杀人后逃跑来到临清"也是一个小句复合体,逻辑—语义关系是扩展型中的提升类。全句依存关系和逻辑—语义关系分析总结如表12-1:

表 12-1 例 2 的依存和逻辑—语义分析(x: 扩展;
": 投射;α: 主句;β: 从句)

经盘问	该男子供述	因强奸杀人后	逃跑来到临清
修饰成分	中心成分		
x^β	α		
	中心成分	修饰成分	
	α	"β	
		修饰成分	中心成分
		x^β	α

表 12-1 显示,例 2 由 4 个小句组成,分别是:经盘问,该男子供述,因强奸杀人后,逃跑来到临清。

12.4.1.1 概念功能

可以先把例 2 看作两个小句,即"经盘问"和"该男子供述因强奸杀人后逃跑来到临清"。

盘问是言语过程。因"盘问"的词汇意义,该过程一般要求两个参与者,即"言语者"和"对象"。(参看 Halliday;1994:141)言语者是"徐智/张明",对象是"该男子"。该小句的命题是"徐智和张明盘问了该男子"。

"该男子供述因强奸杀人后逃跑来到临清"也是言语过程,"供述"是过程动词,"该男子"是言语者,"因强奸杀人后逃跑来到临清"是言语内容(verbiage)。

此外,在第二个小句中充当言语内容的"因强奸杀人后逃跑来到临清"也有两个小句,即"因强奸杀人后"和"逃跑来到临清"。

强奸杀人是个物质过程,过程动词是"强奸"和"杀"。这两个过程动词需要两个参与者,一个是被隐去的动作者(该男子),一个是动作的目标人。

"逃跑来到临清"也是个物质过程小句,过程动词是"来到";"逃跑"和"临清"都是环境成分,分别指"来到"的方式和目的地;参与者只有一个,即被省略的动作者（该男子）。

12.4.1.2　人际功能

例 2 是无情态化肯定命题，是无标记陈述语气，语调为降调。

12.4.1.3　语篇功能

结合表 12-1，笔者将第一层次的语篇功能分析如下：

经盘问：状语，有标记主题，主位。该男子：主语。供述因强奸杀人后逃跑来到临清：其他。该男子和供述因强奸杀人后逃跑来到临清：述位。

第二层次的语篇功能分析如下：

该男子：主位。供述因强奸杀人后逃跑来到临清：述位。

第三层次的语篇功能分析如下：

因强奸杀人后：有标记主题，主位。逃跑来到临清：述位。

12.4.2　评价价值分析

12.4.2.1　语法语义

1. 概念意义

基于 12.4.1.1 得出，例 2 的第一层次小句复合体里，前句是［言语者］+ 过程动词 + ［对象］，即［言语者］作用于［对象］，后句是言语者 + 过程动词 + 言语内容，言语者作用于言语内容。但前句从属于后句。后句是在以前句为前提的情况下才出现的。其概念意义是：

(6)［参与者 1］盘问了［参与者 2］，然后参与者 2 供述了……

另外，后句的嵌入句因强奸杀人后逃跑来到临清也是两个小句，分别为物质过程，前者为［动作者］+过程动词+目标，过程动词具有很强的动性传递，直接作用于目标。后者是［动作者］+过程动词+环境，过程动词的动性传递很弱。这个小句复合体中，后句也是在以前句为前提的情况下才出现的。其概念意义是：

(7)［参与者 2 供述了］［参与者 2］来临清，因为［参与者 2］强奸并杀害了参与者 3。

2. 人际意义

基于 12.4.1.2，可知例 2 是陈述语气。若按系统功能语法对英语的分析，例 2 中语气部分是主语（该男子）+ 过去时态。读者可以通过主语和时态来

质疑该命题,即

> 质疑:经盘问,该男子供述因强奸杀人后逃跑来到临清,是吗?
> 回答:是,经盘问,该男子供述因强奸杀人后逃跑来到临清。

也就是说,写作者客观地提供了这个信息。另外,这个命题是个没有情态化的肯定命题,是一种断言,句末用降调。该句的人际意义是:

(8)写作者向读者断言,例 2 这个命题所传递的信息是真。

3. 篇章意义

体现语篇功能的是主位系统。主位是信息的起点,述位是信息的延续。主位往往是已知信息,同时也是信息结构谈论的焦点,所以往往是语言使用者处理所强调的内容的处所。述位的末端往往是新信息的处所,也是语言使用者处理所强调的内容的所在。

例 2 第一层次的主位是"经盘问",是主题主位,全句的信息是围绕这个主题展开的。我们可以问:"经盘问"怎么了? 该句其他部分是述位,末端强调的是"来到临清"。语篇功能的分析告诉我们,例 2 关心的是:**"经盘问……来到临清"**。其他层次产生的篇章意义可以类推。

综上分析,例 2 的要点有三:(a)"经盘问"、(b)"该男子供述"和(c)"来到临清"。三个要点的语义—逻辑关系式是:

(9) $\beta \rightarrow \acute{\alpha} \leftarrow \gamma$

12.4.2.2 词汇语义

例 2 中的评价词有 3 个:供述、强奸和杀人。分析如下:

词 汇	意 义	评价视角/内容	评价对象
供述	受审者在受审过程中提供的陈述	负面/行为	该男子
强奸	男子使用暴力、违背妇女意愿、强行与妇女发生性交行为	负面/行为	该男子
杀人	非法剥夺他人生命	负面/行为	该男子

　　三个评价词均属判断系统中的社会约束,评价的对象是特指的人,即"该男子",评价的内容是该男子的行为,评价视角是负面的。在级差系统中,"强奸"和"杀人"属负面强语势,因为这些行为从负面的角度强烈地影响人们的情感。"供述"尽管不是负面强语势,因为在影响情感的连续体中不具有极性(polarity),但因其与"强奸"和"杀人"连用,仍可视为负面强语势,或称之为次负面强语势。

　　12.4.2.3　语境语义

　　情景语境。例2中涉及的情景语境因素有"人""事""时""地""因"。涉及的"人"有盘问者和被盘问者(该男子):公安人员徐智和张明盘问了黄法俭。涉及的"事"是盘问者盘问被盘问者为什么在临清火车站:徐智和张明盘问黄法俭为什么在火车站。涉及的"时"是盘问者发现被盘问者可疑时(后)。涉及的"地"是临清火车站公安派出所。涉及的"因"是盘问者发现被盘问者可疑:徐智和张明之所以盘问黄法俭是因为黄的行为举止可疑。这句的情景意义是:

　　　　(10) 盘问者在临清火车站公安派出所因发现被盘问者可疑而盘问
　　　　　　 被盘问者为什么在临清火车站,结果被盘问者道出来临清的
　　　　　　 原因。

　　文化语境。人们的意识中,总是有疑必问。这种意识在公安人员那里得到进一步加强,即对有嫌疑的人要盘问。例2是公安人员对嫌疑人盘问得出的结果。

　　社会语境。从社会地位和权势关系的角度看,例2反映出,盘问者比被盘问者的社会地位高,权势大。首先,因为我们的社会和政体赋予了公安人员特定的社会地位,他们是社会治安的维护者,对犯罪分子具有威慑力量。其次,因为盘问者发问,被盘问者须作答。发问者的权势大于提供答语者。(参看Short,1996)另外,根据12.4.1.1的分析,"徐智和张明"和该男子都是言语者,是言语者就要对其言语行为负责。但因过程动词词汇意义的不同,两个言语者负载的话语权势不同,前者的话语权势大于后者。再则,两个言语者不在一个语法层次上,前者是一级言语者,后者是二级言语者。也就是说,后者是在前者言语行为的影响下进行的。

12.4.3　小结

　　综合上述分析,例2的要点是:

1）该男子供述了……；

2）该男子是在公安人员的盘问下供述的；

3）……该男子来临清；

4）……该男子来临清是因为强奸杀人了。

12.5 讨 论

判断一个人的行为是不是自首，要看法定"自首"的要件。通过 12.3 的分析，法定的自首有三个要件："犯罪以后"，"自动投案"和"如实供述罪行"。

那么黄法俭的行为是不是自首呢？首先，黄法俭有没有犯罪？句 7）告诉我们，黄有犯罪行为。其次，黄犯罪以后有没有主动投案？在 4)5)6)7)四点中，找不到有"自动投案"的痕迹。最后，黄是不是如实供述了自己的犯罪行为？句 7）表明黄如实供述了自己的犯罪行为。这一点符合法定自首的第三个要件。

是不是因为句 7）符合了法定自首的其中一个要件，我们就可以说黄的行为是自首呢？答案是否定的。首先，黄犯罪后并没有主动向公安机关投案，而是逃到了邻县以逃避法律的制裁。另外，黄的供述并不是在"尚未受到司法机关询问"的情况下做出的，而是在公安人员的"盘问"下做出的。试想，如果黄没有被公安人员抓获，或者被抓后公安人员没有对其盘问，或盘问得很草率，黄可能如实地交代他的犯罪行为吗？有关这一点，临清市铁路公安处车站派出所所长贾永有类似的观点。他说，"盘问是一个审查过程，包括很多环节，在公文式的材料中不可能表述得很详细。可以肯定的是，我们先打电话给夏津县公安局了解情况，再有目的的审问，犯罪嫌疑人才交待的。"（郭国松、王小飞，2004）

在对一个语言现象进行解释时，语言的意义很重要。同时，逻辑—语义关系将语言的篇章文理和语义指向合理安排在一起。一个语言现象就是一种"事态"。一个事态有它自身的构成要件。一旦多一个或少一个要件，该事态的本质就会发生变化，从而进入另外一种事态。这符合"当有机物 S 存在于 A 状态里，X 出现时，S 就进入了 B 状态"这样一个法则（Wilson & Keil，1999）。如果忽略了逻辑—语义关系，对一个语言现象的解释将会是有失严谨的。

12.6　结　　语

本章运用系统功能语法的元功能理论和语言评价系统,对比分析了法定"自首"和一个个案中所谓的"自首",说明语言学对司法解释的意义。系统功能语法的核心观点是"语言是社会语符""选择就是意义",同时认为:使用中的语言,每个成分都有功能。这些功能形成系统。这种系统是语言使用者的选择资源。这种语言学视角为解释语言现象提供了较其他语言学视角更丰富的资源。

在我国,司法人员重视的多是法律制度和条文、法律推理和法律事实,很少注意语言学方面的问题。以法律鉴定来说,有法医鉴定、实物鉴定、笔迹鉴定、声纹鉴定等,就是没有语言鉴定——尽管声纹鉴定与语言有关。事实上,语言学在英美法系中早已派上了用场,语言学家以专家证人的身份出庭作证的情况屡见不鲜(吴卫平,2002)。因此,语言学分析运用于司法领域有助于保证司法的公平性,并有助于实现司法公正。

第13章
马伯里诉麦迪逊案中的让步研究

13.1 引　　言

在美国司法史中，马伯里诉麦迪逊案是影响美国司法实践最大的案子之一（见任东来等，2002），研究该案的著述颇丰。然而，对该案感兴趣的学者大多是法学界人士，他们倾向于从法学角度把研究重点放在司法审查权或司法能动主义等方面。随着1994年以来法律语言学在全球范围内的兴起，不少学者关注法庭言语，对庭审过程中法官、律师、当事人、证人、法庭翻译等方面的言语进行了广泛研究（如Philips，1998；Olsson，2004；Heffer，2005；Gibbons等，2008；Shuy，2008；廖美珍，2003；李克兴等，2006）。不管是法学界的学者还是法律语言学界的学者，他们都关注司法过程中的语言技巧和策略，但是他们很少研究让步在司法过程中的说服作用。如任东来等人（2002）注意到了马歇尔法官在马伯里诉麦迪逊案中所使用的高超说服技巧，他们认为这位法官在处理与行政部门的冲突时，巧妙地违反了作为受众的行政部门的预期。然而，任东来等学者并未发觉本案中马歇尔法官使用的是一种叫做让步的语言策略。另外，许多学者把运用中的语言当作产品（product）做静态研究，很少对语言使用的过程（process）做动态分析。有鉴于此，笔者在本章分析马歇尔法官在判案过程中对让步语言的使用，探讨让步如何被用来巧妙地解决冲突，从而为我国法官判案提供一些参考。

13.2　研究目标与理论基础

在马伯里诉麦迪逊一案中，马歇尔法官提出了三个问题。对于前两个问题,他给予了肯定的回答。按照他的推理,第三个问题的答案也应该是肯定的。然而出乎意料的是,马歇尔法官违反了受众的预期,对最后一个问题给出了否定的回答,成功地使最高法院走出了困境(详见 13.3.1.1,13.3.2)。

本章采用的理论是基于马丁(Martin,2000;Martin *et al.*,2007;Martin *et al.*,2005)评价系统网络中的让步理论。在评价系统网络中,让步是介入系统中的一个借言(heterogloss)资源。让步具有对话性(dialogism),这种对话性具有反预期(counter-expectancy)的功能。言者通过使用让步,首先给受众创造一种预期,然后让这种预期落空。言者在使用让步时,其逻辑思维并不是直线型的,而这种非线性逻辑思维恰好被用来解决案例中的两难问题。

让步常以词汇或小句复合体(clause complex)的形式来实现。在英语中,最典型的让步连接词是 but(但是)。其他常见的表示让步的词有 however(然而),though(虽然),although(尽管),even if(即使),even by(即使),in fact(事实上),at least(至少),indeed(实际上),nevertheless(不过),needless to say(不用说),of course(当然),admittedly(诚然),in any case(无论怎样)等。(Martin 等,2003:51)根据马丁和罗斯的理论,接续词(continuative)也是一种调整预期的资源,比如 already(已经),still(仍然),only(只有),finally(最后),just(正好)以及 even(甚至)等。

根据韩礼德的功能语法理论(Halliday,2004),在书面语篇的分析中,一个含有多个小句的句子称之为小句复合体,即一个中心小句和修饰它的其他小句(Halliday,1985)。小句间的逻辑语义关系分两种:扩展(expansion)和投射(projection)(Halliday,1985)。扩展又次分为详述(elaboration),延展(extension)和提升(enhancement)。让步小句的意义是对它修饰的主句意义的提升,因为它"通过修饰来扩展另一个小句的意思"(Halliday,1985)。修饰的方式"参照时间、地点、方式、原因或者条件(Halliday,1985)"。含有让步意义的小句通过在条件上限制主句来提升主句的意思。当条件是让步的时候,意思是"如果条件是 P,那么就与预期 Q 相反",因此让步小句通过违反预期来提升主句的意思。

让步无论是由词汇实现还是由句子实现,其语义结构都由预期和反预期构成。预期和反预期在表达中出现的先后视语境(情景语境和文化语境)而定。

以下是基于上述理论对马歇尔法官在马伯里诉麦迪逊案的司法判决中使用让步资源的分析。

13.3　马伯里诉麦迪逊案中的让步分析

13.3.1　案件综述

13.3.1.1　案件背景

1789 年生效的美国宪法建立了三权分立的政治体制，"三权"即行政权、立法权和司法权。这个政治体制一直被后世称道，因为它实现了权力之间的制约和监督，并因此有效地防止了暴政和权力滥用。然而，在马伯里诉麦迪逊案之前，这个三权分立的政治体制并没有如人们所想的那般完美。在马伯里案中，三权分立体制中权力最弱的最高法院建立了司法审查权，才使得这个体制获得了真正意义上的平衡。在马伯里案之前，最高法院跟另外两个机关相比权力都显得过于弱小。原因主要有两个：一方面，代表立法权的国会掌握着财政大权，而以总统为首脑的行政部门手里则握着军权，但是最高法院既没有财权也没有军权；另一方面，国会和总统都是由选举产生的，因此有着深厚的民意基础，但是最高法院的法官却是由总统提名、经国会投票通过产生的，所以相对而言缺乏必要的民意基础。因此，最高法院没有能力与另外两个权力机构抗衡。如果最高法院想要维持自己的权威，就必须得到民众的支持，而唯一的方法就是主持正义、维护民众的权利。因此，如果最高法院需要同时维护民众的权利和避免与另外两个权力机构发生冲突，但两者只能择其一时，它就可能陷入一个两难困境之中。马伯里诉麦迪逊案中美国最高法院正是陷入了这种两难困境。

13.3.1.2　案件缘由

在 1800 年的美国总统选举中，联邦党人亚当斯总统被民主共和党人杰弗逊打败，而同时进行的国会选举中联邦党再次败北。眼看大势已去的联邦党人为了维持自己在国内的影响，便将目光投向不受选举直接影响的司法部门。在下台之前，联邦党人控制的国会通过了《哥伦比亚特区组织法》，授权亚当斯总统任命特区内 42 名治安法官。随后，亚当斯提名包括马伯里在内的清一色联邦党人出任治安法官(justice of peace)，即将换届的参议院也匆忙批准了这次任命。然而，由于一些原因导致某些委任状没有及时送出，其中便包括马伯里的委任状。新上任的民主共和党总统杰弗逊对联邦党人在权力交接之前为自己谋取私利的做法极为不满，于是下令让国务卿麦迪逊扣押了这批委任状。

(任东来等,2002)于是,就有了马伯里诉麦迪逊一案。

13.3.1.3　案件事实

由于政治斗争的原因,马伯里的委任状被国务卿扣押。根据法律规定,治安法官的委任状在总统签字、国务院盖印之后正式生效。马伯里的委任状完全符合法律规定,因此他感觉自己的权利受到了侵犯,于是将麦迪逊告到了最高法院,请求最高法院签发执行令,按照法律规定强制麦迪逊交出委任状。然而,辩方律师却声称马伯里案只是一个涉及党派斗争的政治问题,因此最高法院无权干涉。

13.3.2　马歇尔法官的两难困境

最高法院首席法官马歇尔以最高法院的名义致函国务卿麦迪逊,要求他解释扣押委任状的原因,却未料到麦迪逊居然目中无人,对最高法院的信函不予理睬。实际上,马歇尔在马伯里诉麦迪逊案中已经陷入了一种两难困境。"他当然可以正式签发一项执行令,命令麦迪逊按照法律程序发出委任状。但麦迪逊有总统兼美军总司令杰弗逊撑腰,他完全可能对最高法院下达的执行令置若罔闻。既无钱又无剑的最高法院若向麦迪逊国务卿强行发号施令,却又被置之不理,只会让世人笑掉大牙,进一步削弱最高法院的司法权威。可是,如果马歇尔拒绝马伯里合理的诉讼要求,那就等于主动认输,承认最高法院缺乏权威,无法挑战行政部门高官目无法纪的举动。"(任东来等,2002)因此,无论做出哪种选择,最高法院似乎最后的结果都是颜面扫地。

13.3.3　马歇尔法官的司法判决

面对傲慢的行政部门,马歇尔法官需要在避免与其发生正面冲突的同时想办法维护最高法院的权威和法律的公平公正。首先,他决定审理此案,以表明最高法院为了维护正义有勇气挑战强大的行政部门。其次,他在判决中提出了三个问题。第一,申诉人有没有权利得到他要求的委任状?第二,如果他有权利,且该权利受到侵犯,那么国家法律是否应该为他提供救济?第三,如果法律应该为他提供救济,那么本院是否应当签发执行令?马伯里在判决里回答了这三个问题。

13.3.4　让步分析

13.3.4.1　第一个问题

马歇尔法官的第一个问题是:"申诉人有没有权利得到他要求的委任状?"

对此他的回答是肯定的。

首先,他声明马伯里的权利来源于 1801 年国会关于哥伦比亚特区的一个法案。

> It appears, from the affidavits, that in compliance with this law, a commission for William Marbury as a justice of peace for the county of Washington, was signed by John Adams, then president of the United States; after which the seal of the United States was affixed to it; **but** the commission has never reached the person for whom it was made out.
>
> (译文:书面陈述表明,按照该项法条规定,任命威廉·马伯里为华盛顿县的治安法官的委任状,得到了当时总统约翰·亚当斯的签署;随后加盖了合众国的印章:**但是**委任状从未送至委任人处。)

这一段话中,马歇尔法官首先创造了一个预期,即根据法律马伯里有权利得到委任状,因为委任状已经得到了总统的签署和合众国的盖印。然而,这位智慧的法官接下来却笔锋一转,用 but(但是)引导的小句说出了一个受众没有预料到的结果,即委任状从未到达马伯里手中,表达了他对麦迪逊的态度,并由此展开了细致而严谨的论证。

为了确定马伯里是否有权利得到委任状,马歇尔法官决定探究他是否被任命到治安法官这一职位。理由很明显,如果马伯里被任命为治安法官,法律规定他的任职期限为五年,那么他可以将该职位的证明(委任状)作为财产占有。因此,接下来马歇尔法官要做的全部事情就是论证马伯里已经被任命。

马歇尔法官的思路大致分为三步。他最初区分了任命和委任的概念,并论证任命是总统单独的行为,只要总统完成了他应该做的事情,任命即告完成。接着为了使论证更加全面,他将国务院盖印对任命的可能作用也考虑在内。最后他提出了几个可能的反对意见,并逐一排除。

第一步分为两点,即区分任命和委任的概念,并论证总统的单独行为即可完成任命。

根据美国宪法第三条第二款和第三款,"总统应提出人选,并在咨询参议院和取得其同意后,任命大使、其他使节和领事、最高法院法官以及任命手续未经本宪法另行规定而须以法律加以规定的其他一切合众国官员","并任命合众国的一切官员"。

根据国会的法案规定,国务卿的职责之一便是保管美利坚合众国的印章,并且将这个印章盖到被总统单独任命或在咨询参议院并取得其同意的情况下任命的官员所持有的委任状上。

马歇尔法官认为,宪法和国会法案的规定区分出三个不同的概念,即提名、任命和委任。接着,他用让步来强调任命是总统的自主行为。

The appointment. This is also the act of the President, and is also a voluntary act, **though** it can **only** be performed by and with the advice and consent of the senate.

（译文：有关任命。这也是总统的行为,是自主的行为,**尽管**任命**只能**在咨询参议院并取得其同意后生效。）

这里由 though(尽管)引导的让步小句通过提升语义的方式扩展了主句 the appointment is a voluntary act of the President(任命是总统自发的行为)的意思,即尽管任命须听取参议院的建议和征得他们的同意,但是任命也是总统单独并完全自主的行为。

在总体上声明了这两点之后,马歇尔法官便开始进行一一论证。

他首先表明,任命官员的行为和委任已经被任命的官员的行为是不同的,因为完成这两个行为的权力分别规定在宪法的两个部分,然后他用两个让步小句论证并强调了这种区别。

Although that clause of the constitution which requires the President to commission all the officers of the United States, may never have been applied to officers appointed otherwise than by himself, **yet** it would be difficult to deny the legislative power to apply it to such cases.

（译文：**尽管**规定由总统来委任合众国任何官员的宪法条款也许从未被应用在不是经过总统任命的官员上,但是很难否认该条款应用于这次案例的合法性。）

这里,although(虽然)和 yet(但是)的关联,强化了让步的效果,强调了立法权将要求总统委任合众国一切官员的宪法条款应用到这种案例的可能性。它暗示总统可以委任并非由他任命的官员,强调了任命和委任的区别。

This is an appointment made by the President, by and with the advice and consent of the senate, and is evidenced by no act but the commission itself. In such a case therefore the commission and the appointment seem inseparable; it being almost impossible to shew an appointment otherwise than by proving the existence of a commission; **still** the commission is not necessarily the appointment; **though** conclusive evidence of it.

（译文：这是总统在咨询参议院并取得其同意后做出的任命，该任命被委任状本身，而不是任何法案证实。因而在这件案子中，委任和任命看似不可分割；但做出一个任命，却不证明委任状的存在，这几乎是不可能的事情；不过委任状并不**一定**是任命，**尽管**其证据是不容置疑的。）

这里 still（不过）违反了受众认为委任与任命密不可分的预期，并且由 though（尽管）引导的让步小句提升了前一个小句的意思，即委任并不必然是任命，继续强调委任和任命的区别。

在区分了任命和委任的概念之后，马歇尔法官便论证第二点，即总统的单独行为即可完成任命。

Should the commission, **instead of** being evidence of an appointment, **even** be considered as constituting the appointment itself; **still** it would be made when the last act to be done by the President was performed, or, at furthest, when the commission was complete.

（译文：委任状是否**没有**被当做任命的依据，**甚至**被视为构成任命的一部分；**不过**任命在下列情况仍然可以被做出，当总统的最后一个行为完成，或者，最迟当委任状是完整的时候。）

instead of（代替）和 even（甚至）都是标志反预期的对比性接续词（comparative continuatives），它们强调实际情况超出或低于预期。instead of being evidence of an appointment（是否被当作任命的依据）暗示 being evidence of an appointment（被当作任命的依据）是我们正常预期的，而且 even（甚至）所表明的意思已经超出了我们的预期，即委任状能够被视为构成任命的一部分。然而，still（不过）之后出现的小句再次违反了我们的预期，宣称只要总统的最后一个行为完成或者最迟当委任状是完整的时候，任命便已做出。

马歇尔法官认为,总统的最后一个行为,便是在委任状上签字。委任状签了字就可以盖上大印——大印只盖在完整的文件上,即:

The signature is a warrant for affixing the great seal to the commission; and the great seal is **only** to be affixed to an instrument which is complete.

（译文：给委任状加盖大印是依据签名而执行的；且大印**只**会盖在完整的法律文件上。）

第二步,为了论证的全面性,马歇尔法官将盖印的作用也考虑在内。

If it should be supposed, that the solemnity of affixing the seal, is necessary not only to the validity of the commission, but **even** to the completion of an appointment, **still** when the seal is affixed the appointment is made, and the commission is valid.

（译文：如果应当认为,盖印的庄重性不仅对委任状的合法性来说是必要的,而且**甚至**对任命的完成也是必要的,**不过**当盖印完成,任命做出,委任状便是合法的。）

这里提出了一个超出我们预期的假设,由 even(甚至)引导的让步小句强调盖印对于任命的完整性来说同样必要。但是由 still(不过)标志的让步强调了一个事实,即当盖印完成之后,任命便做出了。马伯里的委任状已经盖上了大印,所以他的任命是完整的。

第三步,马歇尔法官提出了几个可能存在的反对意见,并通过分析逐一排除。

他首先回到了最初的问题,即委任状从未到达马伯里手中。

In considering this question, it has been conjectured that the commission may have been assimilated to a deed, to the validity of which, delivery is essential. This idea is founded on the supposition that the commission is not merely evidence of an appointment, but is itself the actual appointment; a supposition by no means unquestionable. **But** for the purpose of examining this objection fairly, let it be conceded, that the principle，claimed for its support，is established.

（译文：考虑这个问题，假设委任状类似于一个契据，交付对其有效性来说是必不可少的。这个想法建立在一个猜想的基础上，也就是委任状不单单是任命的依据，它本身也是实际存在的任命；这个猜想绝非毫无疑问。**但是**为了公平质疑异议，姑且承认该原则被确立作为其支持。）

这里存在一个假设，即委任状可以被视为一个契据，而送达才能达成它的有效性。但是 a supposition by no means unquestionable（这个猜想绝非毫无疑问）告诉我们这个假设本身可能就不存在问题，因此似乎没有必要接着讨论下去。但为了公平起见，马歇尔法官用 but（但是）引导的小句违反了这个预期，将这个假设设定为真之后进行讨论。

马歇尔法官论证道，如果送达对于任命的完整性是必要的，那么该行为也应该由总统来完成。但是总统无须亲自送到被任命的官员手上，事实上这种事情也从未发生过。根据法律规定，送达过程应该是针对国务卿而言，因为他需要在总统签字后附上合众国大印。因此，当委任状到达国务卿处时，送达即告完成。

在解决了这个问题之后，马歇尔法官提出了另一个具体的问题——如果一个官员被任命一个职位，他想履行该职位的职责的话，那么他是否必须持有原始的委任状？

If it was necessary，then a loss of the commission would lose the office. Not only negligence，but accident or fraud，fire or theft，might deprive an individual of his office. In such a case，I presume it could not be doubted，**but** that a copy from the record of the office of the secretary of state，would be，to every intent and purpose，equal to the original. The act of congress has expressly made it so.

（译文：如果必须持有原委任状，那么丢失委任状意味着失去职务。因此不只是马虎大意，意外、诈骗、失火和盗窃都有可能夺走一个人的职位。在这样的情况下，我相信这是不容置疑的，**但是**国务卿办公室记录的副本，按所有的意图和用途来说，作用等同于原始文件。国会法案已经清楚表明了这点。）

这里马歇尔法官先是给我们创造了一个预期，即丢失了原始委任状就必然会失去该职位。然而,but(但是)引导的小句使得这一预期落空,国务卿办公室记录的副本等同于原始文本。

在解决了所有的疑问后,马歇尔法官对第一个问题给出了肯定的回答并得出了结论,"当委任状经过总统签字后,任命便做出了;当合众国的大印被国务卿盖到委任状上时,委任状就是完整的"。"那么,马伯里先生被任命了,因为他的委任状经过了总统签字和国务卿盖章;而且法律创造了该职位,赋予该官员任期五年的权利,并不受行政部门的干涉,故任命不仅不可撤销,而且属于该官员的合法权利,因此受到国家法律的保护。所以,在法院看来,扣押他的委任状不是法律许可的做法,而是侵犯合法权利的行为。"(Marshall,1803)

13.3.4.2 第二个问题

马歇尔法官的第二个问题是:"如果他有权利,且该权利受到侵犯,那么国家法律是否应该为他提供救济?"他对第二个问题的回答也是肯定的。

马歇尔法官认为,公民自由的核心便是,无论什么时候公民的权利受到侵犯,政府都有责任去保护这种权利。接下来,他便探讨扣押或送达委任状的行为是否应该被仅仅视为法院无权审查的政治行为。

This officer, as his duties were prescribed by that act, is to conform precisely to the will of the President. He is the mere organ by whom that will is communicated. The acts of such an officer, as an officer, can never be examinable by the courts. **But** when the legislature proceeds to impose on that officer other duties; when he is directed peremptorily to perform certain acts; when the rights of individuals are dependent on the performance of those acts; he is so far the officer of the law; is amenable to the laws for his conduct; and cannot at his discretion sport away the vested rights of others.

(译文:这位官员,其职责由法案载明,完全依据总统意愿行事。他是传达总统意愿的唯一职能人员。这位官员作为官员的行为,不受法院审查。**但是**当立法机关继续强制实行那位官员的其他职责时;当他被强行要求实施某些行为时;当个人的人权依赖于这些行为造成的后果时,他到目前为止还是这部法案的执行者;他的所作所为应服从法案规定,且不能任意损害别人应有的权利。)

上面这一段的前半段给我们创造了一个预期,即官员根据总统意愿所做的行为不受法院审查,但是由 but(但是)引导的让步小句违反了这一预期,强调如果公民的权利受到这些行为的影响,那么它们就应该由法院审查。

It was at first doubted whether the action of detinue was not a specific legal remedy for the commission which has been withheld from Mr. Marbury; in which case a mandamus would be improper. **But** this doubt has yielded to the consideration that the judgment in **detinue** is for the thing itself, *or* its value. The value of a public office not to be sold, is incapable of being ascertained; and the applicant has a right to the office itself, or to nothing. He will obtain the office by obtaining the commission, or a copy of it from the record.

（译文:扣留马伯里委任状这一非法占有行为是否构成一项特殊的法律救济,从一开始就被质疑;在这样的情形下签发执行令的做法不合时宜。**但是**这一顾虑让步于一种考量,其认为对**非法占有**的裁决是为了事物本身,或者它的价值。公职的价值不被转让,是没有办法查明的;且申请人有权谋求或者不谋求职位。若得到委任书,或者记录的副本,他就会获得这个职位。）

上面由 but(但是)引导的让步强调了 detinue(非法占有)是一个特殊的法律救济以及签发执行令是适当的意思。

This, then, is a plain case for a mandamus, either to deliver the commission, or a copy of it from the record; and it **only** remains to be inquired, whether it can issue from this court.

（译文:那么,这对签发执行令来说是一个简单的案例,不论是交付委任状,或其记录的副本;而现在唯一需要查明的是,本法院是否能够签发该执行令。）

这里由 only 标志的让步小句表明实际情况低于我们的预期,并告诉我们大部分问题都已得到解决,现在还剩下最后一个小问题。

13.3.4.3　第三个问题

马歇尔法官的第三个问题是:"如果法律应该为他提供救济,那么本院是否应当签发执行令?"他在前两个问题的探讨中很自然地给出了肯定的回答,给受众一种他准备签发执行令,命令麦迪逊交出委任状的预期,因为如果按照他之前的思路和逻辑继续推论下去的话,"在回答第三个问题时,马歇尔似乎理所当然地就该宣布,应由最高法院向国务卿麦迪逊下达强制执行令,让马伯里走马上任,官复原职"。(任东来等,2002)然而,他接下来却笔锋一转,让读者的预期落空。他引证宪法第三条第二款,"涉及大使、其他使节和领事以及一州为一方当事人的一切案件,最高法院具有原始管辖权。对上诉所有其他案件,最高法院具有上诉管辖权"。(任东来等,2002)

It has been stated at the bar that the appellate jurisdiction may be exercised in a variety of forms, and that if it be the will of the legislature that a mandamus should be used for that purpose, that will must be obeyed. This is true, **yet** the jurisdiction must be appellate, not original.

(译文:法律规定上诉管辖权可能会以各种形式执行,如果立法机关的意愿是执行令应当为了这些目的而被使用,那么该意愿必须得到遵从。这是真实的,**但是**管辖权必须是受理上诉的,而不是原始的。)

这里 yet(但是)引导的让步小句强调了是上诉管辖权而不是原始管辖权的意思。

It is the essential criterion of appellate jurisdiction, that it revises and corrects the proceedings in a cause already instituted, and does not create that cause. **Although**, therefore, a mandamus may be directed to courts, **yet** to issue such a writ to an officer for the delivery of a paper, is in effect the same as to sustain an original action for that paper, and therefore seems not to belong to appellate, but to original jurisdiction.

(译文:这是上诉管辖权最基本的标准,它修改并修正已经开始的诉讼案中的程序,而非创建诉讼案。**尽管**,执行令是由法院受理,**但是**签发要求官员交付文件的文书,实际上与支持索要文件原件的行为别无两样,因此看起来不属于上诉管辖权,而是原始管辖权。)

这里的让步小句重在强调一个事实,即马伯里一纸委任状向官员签发执行令是属于原始管辖权而不是上诉管辖权。

从上面的分析可以看出，马歇尔法官的观点十分简单明了，即"马伯里诉麦迪逊案的当事人既非外国使节，也不是州政府的代表，所以，最高法院对这类小民告官府的案子没有初审权。马伯里告错地儿了。"（任东来等，2002）因此，不应当由最高法院来向麦迪逊签发执行令并命令他交出委任状。

13.3.4.4　讨论

通过回答第一个问题"申诉人有没有权利得到他要求的委任状"，马歇尔法官确认了马伯里的委任状经过了总统签字和国务院盖章，因此他被指派到治安法官的职位，并且该项任命是不可撤销的。马歇尔法官还声明，扣押委任状的行为是对合法权利的侵犯。

通过回答第二个问题"如果他有权利，且该权利受到侵犯，那么国家法律是否应该为他提供救济"，马歇尔法官声明，因为原告拥有该职位的法定权利，所以他有权利得到委任状；对送达的拒绝很明显地违反了该权利，因此国家的法律应当给他提供救济。

至此，马歇尔法官态度坚决地肯定了马伯里得到委任状的权利，并且严厉地批评了麦迪逊扣押委任状的行为，将之视为对合法权利的侵犯。马歇尔法官的论证给读者一种很强烈的维护正义的感觉，并让读者产生最高法院即将下令让麦迪逊交出委任状的预期。按照他的逻辑推理下去，第三个问题也应当是肯定的。然而，出人意料的是，马歇尔法官在最后一个问题上给出了否定的回答，使得读者的预期落空。

马歇尔法官在这三个问题上的逻辑推理可以总结为一句话，即"马伯里有权得到他的委任状，麦迪逊扣押委任状的行为侵犯了该权利，国家法律应该为马伯里作出补偿，**但是**最高法院仍然不能签发命令麦迪逊交付委任状的执行令（Marbury has a right to his commission, and that right has been violated by Madison who withheld the commission, and the laws of his country should afford him a remedy, **but** the Supreme Court still cannot issue a mandamus to order Madison to deliver the commission.）"。

作为美国历史上一位伟大的法官，马歇尔运用让步的语言策略，巧妙地打破了两难困境。一方面，他开庭审理马伯里案，宣称原告的权利并批评麦迪逊侵犯公民权利的行为，展示了最高法院有勇气也有权威来审查任何违法行为。这样做的结果是，他虽然维护了最高法院的威严，但是升级了最高法院和行政部门的冲突，使得最高法院面临着骑虎难下的处境。"实际上，杰弗逊等民主共和党人已经有所准备，即便最高法院下了执行令，他们也不会执行。"（任东来等，2002）另一方面，当这种冲突达到一触即发并且似乎不可避免时，马歇尔法官的逻辑思路突然转向，宣称最高法院由于缺乏管辖权不能签发执行令。如此一来，行政部门也找不到理由来反驳最高法院的判决。我们可以看到，当直线型的逻辑在本案中行不通时，马歇尔法官就运用了让步这种非线性策略。最终，最高法院既维护了自己的权威，又避免了与强大的行政部门发生正面冲突。让步这种语言策略在本案中的运用可谓取得了一石二鸟的奇效。

13.4 结　语

在使用让步的语言策略时，作者为读者创造了一种预期，并且有效地监控这种预期，而最后却违反这种预期。作者有效地使读者介入到自己的论证之中，并且最后成功说服他们。让步也同样可以通过提升语义的方式来扩展作者要表达的意思。因此，让步是一种有效的说服手段。当法官在审理案件，尤其是在审理中碰到两难困境时，运用让步的语言策略往往可以获得奇效。在马伯里诉麦迪逊一案中，马歇尔法官在他论证的三个问题中运用让步的手法成功打破了自己面临的两难困境。马伯里案之所以能成为美国宪政历程上的一个里程碑案件，很重要的一个原因便是马歇尔法官运用让步的语言策略巧妙地说服了强大傲慢的行政部门，解决了最高法院面临的两难困境。

第14章
从语言的协商功能看执法话语中的权力关系
——以交通事故处理话语为例

14.1 引　言

在当今法治社会中,执法中的权力关系须适应法治意识形态。法治意识形态是一种以法治为核心的思维方式,是人性基础上的理性体现,它指导和限制权力的分配以建立良好的社会秩序(陈金钊,2014)。在法治意识形态下,执法过程中的权力关系应达到形式法治的要求,这一点可通过执法话语得到体现。话语(discourse)是一种体现社会行为的符号(Halliday,1978;1985),其社会属性反映了话语与社会场域和话语主体的密切关系。在一定的社会场域中,话语激活话语主体间一定的权力关系,具体表现为话语所蕴含的"强制力量或支配力量"(傅春晖、彭金定,2007),即话语权力。因此,对话语权力关系的研究可以揭示权力在话语中的分配,发现法治意识形态下执法过程中的权力关系运用问题,使其更好地服务于建立良好的社会秩序。

在以对话为主的话语实践中,话语主体以一定的话语角色就对话内容进行协商,在协商过程中实现各自的交际目的。话语角色的分配和调整是话语主体控制对话的主要方式,体现各方之间的话语权力关系。本章以交通事故处理话语为例,分析交警和事故当事人为妥善处理交通事故进行的对话协商,以此说明双方的话语权力关系,并从语步使用方面为法治意识形态下执法过程中的权力关系运用提出建议。

14.2　交通事故处理话语中的对话协商

在交通事故处理中,交警会对事故现场进行处置、围绕事故调查取证和责任认定、对违法行为进行处罚并组织双方就损害赔偿进行调解,必要情况下对事故当事人进行劝导教育;事故当事人则对交警提出的相关问题和指令给予回应,同时就事故相关情况发表自己的意见。以上一系列的活动主要以交警和事故当事人之间的对话展开,双方在对话过程中以一定的话语角色,就对话中涉及的相关信息和动作进行交换协商,达到处理交通事故的目的。这种对话形式的交换协商在交通事故处理的具体语境中产生,其主要工具是语言符号。这些语言符号构成话语/语篇(discourse)。系统功能语言学的语篇语义(discourse semantics)系统研究语篇中的语言符号在语境中的使用,其中的磋商系统(negotiation)主要研究以交换(exchange)为单位的对话互动,包括说话者如何在对话中定义彼此的角色,以及语步是如何组织的(Martin & Rose,2007),可有效地分析交通事故处理话语中交警和事故当事人之间这种对话形式的交换协商。

根据磋商系统(Martin & Rose,2007)的理论,对话中的交换有知识交换(knowledge exchange)和动作交换(action exchange)两种,前者的交换内容是信息,后者的交换内容是物品/服务。交换中的话语角色包括主要知者(primary knower)、次要知者(secondary knower)、主要行动者(primary actor)和次要行动者(secondary actor)。这些话语角色具体体现为话语主体所采用的语步。在磋商系统中(Martin & Rose,2007),知识交换中的语步主要包括延迟信息交换语步(dK1)、提供信息语步(K1)、提供信息接续语步(K1f)、索取信息语步(K2)和索取信息接续语步(K2f),其中前三种语步由主要知者完成,后两种由次要知者完成。动作交换的主要语步包括延迟动作交换语步(dA1)、实施动作语步(A1)、实施动作接续语步(A1f)、要求执行语步(A2)和要求执行接续语步(A2f),其中前三种语步由主要动作者完成,后两种由次要动作者完成。不管在知识交换还是动作交换中,话语主体都可能打断对话进程,如对交换内容进行追踪确认或者挑战拒绝,相应语步包括追踪语步(tr)、回复追踪语步(rtr),挑战语步(ch)和回复挑战语步(rch)(Martin & Rose,2007)。此外,根据磋商系统的理论(Martin & Rose,2007),以上各种语步在交换中是以一定结构组织起来的,且提供信息语步(K1)/实施动作语步(A1)是必要语步

(obligatory moves),而其他语步都是可选的(optional),因为交换的主要内容
一旦出现,交换即完成。所以,一个完整的交换至少包含一个提供信息语步
(K1)/实施动作语步(A1)。

　　本章以上海市交通大整治期间的三例交通事故处理案例为研究对象,
运用磋商系统对转写的交警和事故当事人的对话进行分析,其中知识交换
和动作交换的主要内容以及对话主体采用的主要语步见表 14 - 1 和表
14 - 2。

表 14 - 1　交通事故处理话语中的知识交换

	知识交换主要内容	对话主体	主 要 语 步
1	现场勘察	交警	K2
		当事人	K1
2	事故责任	交警	K1
		当事人	K2f, ch
3	相关人员情况	交警	K2, tr
		当事人	K1, rtr
4	调解情况	交警	K1
		当事人	K1
5	法规与道德	交警	K1
		当事人	—
6	其他信息	交警	K1
		当事人	K1

表 14 - 2　交通事故处理话语中的动作交换

	动作交换主要内容	对话主体	主 要 语 步
1	现场勘察	交警	A1
		当事人	—
2	交通疏通	交警	A2
		当事人	A1
3	事故解决相关事宜	交警	A2, A1
		当事人	A1, —

（续表）

	动作交换主要内容	对话主体	主要语步
4	相关人员情况	交警	A2, tr
		当事人	A1, rtr
5	调解情况	交警	A2
		当事人	A1
6	法规与道德	交警	A2
		当事人	—

从以上两表中可见，交通事故处理话语中的知识交换和动作交换的主要内容各包括六类。其中，现场勘察、相关人员情况、调解情况和法规与道德这四类在两种交换中均有出现，但是具体所指不同。关于现场勘察的知识交换主要围绕事故发生细节和伤害/损失情况。交警在此过程中对事故发生原因、伤害/损失情况进行询问调查，主要语步是K2；事故当事人提供相应信息配合调查，主要语步为K1，见例1和例2。

[例1]

交警	K2	发生事故前，你们哪辆车子在前面？
当事人1	K1	他在前面。
当事人2	K1	他在前面。

[例2]

| 交警 | K2 | 那么你现在觉得有什么情况？ |
| 当事人 | K1 | 没啥。 |

而关于现场勘察的动作交换主要围绕现场取证过程（拍照、画现场图等），见例3。勘察动作的实施者为交警，其采用的语步是A1，事故当事人没有参与此类动作交换。

[例3]

| 交警 | A1 | 我都帮你拍照了。 |

针对相关人员情况的知识交换主要涉及事故当事人及其车辆的相关信

息。其中,交警主要采用 K2 语步调查信息,当事人主要通过 K1 语步提供信息。同时,为确保相关信息的准确性,交警和事故当事人在知识交换中适时采用 tr 和 rtr 语步,如例 4。

［例 4］
交警	K2	XXX(当事人名字),你现在住哪里啊?
当事人	K1	国军路。
交警	tr	国军路,有具体号码吗?
当事人	rtr	国军路 500 号。

　　围绕相关人员情况的动作交换主要是交警要求事故当事人出示证件和物件(例 5),或者要求当事人执行言语告知的动作(例 6),采用的主要语步是 A2 和 tr。当事人在这类动作交换中配合交警,出示证件或告知相关情况,采用的语步多为 A1〔包括"非言说"A1 语步(non-verbal A1)〕和 rtr。需要说明的是,交警有时会通过询问信息的方式要求当事人执行言语告知行为。这其实是要求一种"语言服务",从语义层面讲既是知识交换也是动作交换(Ventola,1987),如例 7。

［例 5］
| 交警 | A2 | 你驾驶证、行驶证也给我。 |
| 当事人 | A1 | (非言说语步) |

［例 6］
交警	A2	你要讲这个地址的。
当事人	A1	mei shou(音似)路。
交警	tr	mei shou(音似)路几栋几号?
当事人	rtr	61 号。

［例 7］
| 交警 | A2[K2] | 师傅,身份证拿了吧? |
| 当事人 | A1[K1] | 嗯。 |

　　第三类在两种交换中都涉及的交换内容是调解情况,相关的知识交换主要围绕赔偿金额和赔偿理据,具体交换过程包括当事人建议赔偿金额,交警对索赔的合理性进行解释等。在这类知识交换中,当事人和交警采用的主要语步均为 K1,如例 8 和例 9。

[例 8]

		200 块钱吧
当事人	K1	这样,大家……
		这个手……

[例 9]

		长海医院验伤挂号费 38 元,
交警	K1	再拍个片子,大概在 70 元到 80 元之间,
		然后再配点药,
		所以说不多。

关于调解情况的动作交换则主要围绕组织调解和给付过程。交警多采用 A2 语步要求当事人执行相应动作;当事人则通过 A1 语步承诺实施动作,促成调解和赔偿行为,如例 10。

[例 10]

| 交警 | A2 | 你钱给她好了。 |
| 当事人 | A1 | 嗯。 |

最后一类在两种交换中都涉及的交换内容是法规与道德,交换过程的主要参与者是交警,事故当事人是受话者,基本没有语步的回应。围绕法规与道德的知识交换主要是交警介绍和讲解相关交通法规以及道德准则,采用的主要语步为 K1(见例 11)。相关的动作交换主要是交警对事故当事人进行劝导教育,采用的主要语步为 A2(见例 12)。

[例 11]

		现在关键问题是,我们处理这个事故呢就是两个方法,
交警	K1	一个叫简易程序,
		一个叫一般程序。

[例 12]

| 交警 | A2 | 我们都得按照规定来。 |

除了以上在知识交换和动作交换中都涉及的交换内容,交通事故处理话

语中的知识交换还包括对事故责任和其他信息的交换。在对事故责任的知识
交换中,交警通过 K1 语步告知当事人所承担的责任。当事人对责任认定的反
应不一,在认可的情况下通过 K2f 语步回应(见例 13),不认可的情况下则采用
ch 语步(见例 14)。

[例 13]

| 交警 | K1 | 这个事故责任很明确的。
是他的责任。 |
| 当事人 | K2f | 诶,对对。 |

[例 14]

| 交警 | K1 | 这个责任是你的,你知道吗? |
| 当事人 | ch | 不是我的呀! |

关于其他信息的知识交换,交换内容与事故有关但不直接相关。比如,交
警说明自己需要处理其他的事故、时间紧张,见例 15。

[例 15]

| 交警 | K1 | 我刚才在包头南路/国胜东路那边处理事故,
处理了一半。
那么你这里呢,那么我还是要来的噢,对吧! |

在本章所分析的交通事故处理话语中,动作交换的主要内容除以上在两种
交换中都出现的四类外,还包括交通疏通和事故解决相关事宜。关于交通疏通
的动作交换主要是交警指挥事故当事人在合适的位置停靠车辆,通过 A2 语步完
成;当事人一般直接采取相关动作予以配合,语步为"非言说的"A1,见例 16。

[例 16]

| 交警 | A2 | 你那个车子先停停好,靠中间。 |
| 当事人 | A1 | (非言说语步) |

关于事故解决相关事宜的动作交换涉及事故处理程序、保险理赔手续等。
交警在把控处理流程时,采用 A1 语步实施相应事故处理行为(如例 17 和例
18)。当交警需要当事人就事故处理活动进行配合时,采用的主要语步为 A2,

当事人则采用 A1 语步进行回应(如例 19 和例 20)。

［例 17］
交警　　　　A1　　这个事故责任定一下。
［例 18］
交警　　　　A1　　现在我要开个罚单给你噢。
［例 19］
交警　　　　A2　　那个,师傅,请你过来签三个名。
当事人　　　A1　　(非言说语步)
［例 20］
交警　　　　A2　　我给你那个验伤单,还有这张纸,礼拜一带着去啊。
当事人　　　A1　　嗯,知道。

14.3　交通事故处理话语中的权力关系

在传统政治意识形态中,话语权力与话语主体的权位密切相关。但是,在法治意识形态要求下,法律话语实践须突破话语主体间既定的权位关系,充分发挥话语本身的说服和协商等功能(陈金钊,2013)。因此,在法治意识形态下,法律话语中的权力依赖于话语在一定语境中所体现的力量。这种力量是语境赋予话语主体对话语的支配力量,而非话语主体的权位使然。话语主体对话语的支配力量体现为其在语境中的语言选择。如果话语主体在语境中针对同样的交际内容能够进行相同的语言选择,说明其在对话中的支配力量是相当的,话语权力关系是平等的;如果语境不允许话语主体针对同样的交际内容选择相同的语言表达,话语主体对对话的支配力量则不同,其间的话语权力关系则是不平等的。波因顿(Poynton,1990)在对权力与其语言体现关系的研究中也提到,平等的权力关系体现在话语主体能够做出相同的语言选择,而不平等权力关系则体现为话语主体做出的不同语言选择。

交通事故处理话语是一种法律话语,主要以交警和事故当事人之间的对话协商展开。由于协商是以交换为单位的互动,且交换由语步构成,语步便成为交警和事故当事人对话协商中的重要语言选择,能够反映双方对对话的支配力量以及二者之间的话语权力关系。如果交警和事故当事人在对同一内容的交换中采用的主要语步是相同的,二者之间的话语权力关系则是平等的;反之,二者之间的话语权力关系则是不平等的。下面将通过本章语料中交警和事故当事人针对多类交换内容(见表 14 - 1 和表 14 - 2)所使用的主要语步具体说明和阐释二者在交通事故处理话语中的权力关系。

　　本文中,交警和事故当事人仅在关于调解情况和其他信息的知识交换中采用了相同的典型语步 K1(见表 14 - 1),体现了二者在这两类交换中平等的话语权力关系。关于调解情况的知识交换针对的是损害赔偿的金额和理据。由于调解是根据相关法律规定,在交警主持、事故当事人自愿的条件下进行的,交警和事故当事人之间平等的话语权力关系构建了良好的调解基础。当事人在相对平等的(不受体制的压力)话语环境中提出赔偿金额,交警听取当事人的请求并根据实际情况对赔偿金额的合理性进行解释说明,有助于调解的达成与和谐社会秩序的维护。对于其他信息方面的知识交换,交警和事故当事人多采用 K1 语步对与事故非直接相关的信息进行交换,表明双方均有发表意见的权利,其体现出的平等话语权力关系符合法治意识形态中对人性的尊重和对言论自由的提倡。

　　除了以上两类知识交换,本章语料中交警和事故当事人在其他针对同一内容的交换中采用的主要语步有所不同,体现出双方在话语中不平等的权力关系。在不平等的权力关系中,作为话语主体的一方处于支配(dominance)地位,另一方则处于顺从(deference)地位(Martin,1992)。从对话协商看,话语主体的支配地位可通过主要知者相关语步和挑战语步体现,而顺从地位则通过主要动作者相关语步和追踪语步体现(Martin,1992)。具体地说,在知识交换中,主要知者作为提供信息的人,在对话中具有相对的信息掌控权,而次要知者作为询问信息的人,在对话中处于顺从地位;在动作交换中,主要动作者执行交换中要求的动作,处于顺从地位,而次要动作者作为要求执行动作的话语主体,具有相对的话语控制权,处于支配地位。无论在知识交换还是动作交换中,挑战语步表达对交换内容的拒绝或反对,通过中止交际或转移话题等方式控制对话进程,反映出对话主体的支配地位,而追踪语步就交换内容进行确认,遵循对话的发展方向,因此体现对话主体的顺从地位。对话协商中的语步对不平等权力关系的体现可总结为表 14 - 3。

表 14 - 3　对话协商中语步对不平等权力关系的体现

	支 配 地 位	顺 从 地 位
知识交换	dK1；K1；K1f；ch	K2；K2f；tr
动作交换	A2；A2f；ch	dA1；A1；A1f；tr

在本章交通事故处理话语中,体现交警支配地位的知识交换包括事故责任和法规与道德两类,交警的主要语步均为 K1,而事故当事人的主要语步变体较多。在事故调查类知识交换中,事故当事人除主要采用体现顺从地位的 K2f 语步,还采用了体现支配地位的 ch 语步。这说明,事故当事人在话语已经分配给自身的顺从地位中试图取得更多的话语权。交警和事故当事人在事故责任类知识交换中对话语支配地位的争取,可以从事故责任认定在交通事故处理中的重要性上得到解释。"道路交通事故发生后,一项重要工作就是要分析事故成因,胪列各方行为对事故发生的作用力大小,认定各方的过错比例"(余凌云,2016)。交通事故责任的正确认定不仅体现执法公正,也关系到事故当事人在处罚、损害赔偿和相关诉讼中的权益。鉴于此,交警和事故当事人均需在此类知识交换中争取话语支配权。在法治意识形态下,交警在认定交通事故责任时需依据事实、遵循法律,同时应"允许不服责任认定的当事人提出反驳"(王飞跃,2016),体现法治意识形态中对人性的尊重。从本章例证涉及的事故责任类知识交换可见,交警采用 K1 语步支配相关对话,而事故当事人在必要时采用 ch 语步进行反驳,反映了交警在控制对话过程中对话语权的暂时让步。

在法规与道德类知识交换中,交警的 K1 语步也体现了其在话语中的支配地位,而事故当事人只是一个受话者角色,基本没有参与此类交换。这种情况在法规与道德类动作交换中也同样存在,其中交警采用 A2 语步体现其在话语中的支配地位,但事故当事人也没有参与这类交换。这说明,事故当事人在法规与道德类交换中对交换内容或是默默同意,或是暗自抵触。由于笔者只得到授权的执法过程录音,无法对事故当事人的现场回应做进一步分析。但无论是哪种情况,都表明事故当事人不愿主动参与到这种主题的交换中来,而交警在这类交换中的绝对话语支配权可能是导致这种情况的原因之一。在法治意识形态下,交警在向事故当事人介绍交通法规并要求其执行时有必要掌握话语的支配权,但是这种支配权可通过一种"迂回式"协商体现,比如采用 dK1 语步。这种延迟信息交换语步在帮助交警取得话语支配权的同时,为交际双方创造了一定的协商时间和空间,便于事故当事人接受交换的主要信息。

法规与道德类动作交换是体现交警支配地位的一种动作交换。在交通事故处理话语的六类动作交换中(见表 14-2),除了现场勘查类动作交换,其他交换中交警的主要语步都有 A2。根据表 14-3,这几类动作交换都体现出交警在对话协商中的支配地位。事故当事人在这些交换中的主要语步为 A1,体现其在话语中的顺从地位。这说明交警在情况梳理、事故解决和调解过程中,扮演着指挥者的角色,而事故当事人在动作执行方面予以配合,实现了交通事故的解决。需要特别指出的是,在关于相关人员情况的动作交换中,交警还用到体现顺从地位的 tr 语步,说明其在交换过程中适时转变双方之间的不平等话语权力关系,给予事故当事人一定的言语行为空间,以保证人员情况告知动作的准确执行。

以上提到的各类体现不平等权力关系的知识交换和动作交换中,交警多采用 K1 和 A2 语步表明其在交通事故处理话语中的支配地位,而事故当事人多采用 K2f 和 A1 语步体现其顺从地位(个别情况下采用 ch 语步争取话语支配权)。对于体现交警和事故当事人不平等权力关系的交换,目前还未分析的包括现场勘察类和相关人员情况类知识交换,以及现场勘察类动作交换。在这些交换中,交警的主要语步为 K2 和 A1。根据表 14 - 3,这两种语步体现的是话语主体的顺从地位。但是,对话协商中的语步对不平等权力关系的体现情况在一定语类中也会有例外。比如,在采访中,虽然采访者的话语角色是次要知者,看似在采访中处于顺从地位,但这种"顺从"实际是为了控制话语进程(Martin,1992:528)。笔者认为,除次要知者外,主要动作者相关语步也可体现话语主体的支配地位,这取决于对话协商中的交换目的。比如在法庭审判中,法官会通过"下面问被告方一个问题"这种 A1 语步实施询问行为,以达到其控制并推进庭审进程的目的。实际上,在法庭审判、警察问讯、医生问诊等程式性特征较强的机构话语中,能够解决问题的主要话语主体(法官、警察和医生等)在对话过程中的次要知者和主要动作者话语角色很多是为了通过获取信息、执行动作实现对话语进程的控制,从而使问题得到最终解决。因此,这些话语主体在相关话语角色下使用的语步实际体现了他们在话语中的支配地位。

在本章交通事故处理话语中,交警在现场勘察类和相关人员情况类知识交换中采用 K2 语步、在现场勘察类和部分事故解决相关事宜类动作交换中采用 A1 语步(且并非在事故当事人的要求下执行动作),这些语步的使用实际体现的是交警在话语中的支配地位。在现场勘察过程中,交警通过 K2 语步询问事故发生的细节、运用 A1 语步执行勘察动作(画现场图等)、提取证据;在相关人员信息类知识交换中,交警通过 K2 语步获取当事人的相关信息,以制作相关文书;在解决事故过程中,交警通过 A1 语步主动对处理流程进行把控。这些语步的运用都表明了交警对事故处理相关信息和动作的主导,体现其在话语中的支配地位。当然,在掌握话语支配权的同时,交警也注意到对其与事故当事人间不平等权力关系的适时调整。比如,在相关人员信息类知识交换中,交警采用 tr 语步将支配地位暂时让予事故当事人,通过给事故当事人更多的话语空间来保证自己获取信息的准确性和相关文书的有效制作,有助于形成执法过程中警民之间的良性互动。

综上可见,在交通事故处理话语中,交警和事故当事人的话语权力关系是一个动态的协商过程,通过各自在对话中的语步选择体现。一方面,交警和事故当事人在对话交换中通过 K1 语步就相关信息发表各自的意见,形成平等的话语权力关系,为事故的解决奠定了良好的基础。另一方面,交警在处理交通事故过程中使用 K1、K2、A1 和 A2 语步体现其话语支配地位,同时适时采用 tr 语步在权力关系上做出让步;事故当事人则通过 K2f 和 A1 体现其在话语中的顺从地位,但也在一定情况下使用 ch 语步,争取对话语的支配权。交警和事故当事人在交通事故处理过程中对话语权力关系的适时调整有助于事故得到准确有效的处理,促进了法治意识形态下社会秩序在法治、人性和理性基础上的维护。另外,整体而言,交警和事故当事人在交通事故处理话语中使用的语步多呈现出二者之间不平等的话语权力关系,其中交警多处于支配地位,而事故当事人多处于顺从地位。这种不平等的话语权力关系及体现这种关系的语步对于正确高效地处理交通事故来说,是十分必要的。交警在处理交通事故时运用这些体现其话语支配权的语步,或是来明示当事人事故的处理过程,或是引导当事人完成事故处理活动,或是为了保证事故处理的有效性和准确性。这些都体现了交警的话语引导和说服功能,以及其自身话语支配权的正确运用,符合法治意识形态的要求。

但是,在一定类型的对话协商中,交警可在语步选用上做进一步思考和改进,从而更好地运用话语权力关系、改善其在法治意识形态下的执法实践。具体地说,在确认事故责任过程中,交警要充分发挥其在话语中的支配地位,除通过体现其话语支配权的 K1 语步明确告知当事人事故责任的认定情况外,也要运用 K1 语步对责任认定的依据进行解释,使得当事人信服,为事故的下一步顺利处理奠定基础。此外,交警作为社会秩序的维护者,在执法过程中也须对违反法规和道德准则的事故当事人进行有效劝导,此时同样要准确利用其话语支配权,但在选用体现其话语支配权的语步上可以更为巧妙。交警可在对话协商过程中采用 dK1 语步给予事故当事人一定的反应和思考空间,同时采用 A2 语步实施告知和劝导行为。这些体现话语支配权的语步结合使用,不仅能展现交警社会秩序维护者的角色,也有助于实现和提高其对事故当事人的劝导效果。

14.4　结　　语

在法律语境中,话语主体间的对话协商能够体现法治意识形态下的话语权力关系及其运用。本章通过系统功能语言学语篇语义系统中的磋商系统分析交通事故处理话语中交警和事故当事人在现场勘察、责任认定等方面进行的知识交换和动作交换,从语步运用角度分析双方之间的平等和不平等话语权力关系,并结合法治意识形态对交警在交通事故处理过程中的语步和话语权力关系运用进行了阐释、提供了建议。

法律话语中的权力关系研究对于构建成熟的法治意识形态、完善法律实践具有推动作用。从对话协商的角度研究法律话语中的权力关系,不仅可以观察语言对权力关系的体现,也可以发现权力关系在语言选择过程中呈现出的动态变化,从而更好地揭示话语主体如何通过话语来实现权力的博弈。当然,话语主体间权力关系的分析还要结合话语产生的特定语境,因为特定语境中的交际"按照一定的意义模式进行"(王振华,2007),而交际中的意义模式反映话语权力关系。结合语境对话语权力关系进行考察,可以更好地发现话语在一定情况下的运用及其对权力关系的体现。

参考文献

［1］阿蒂亚 P S.法律与现代社会［M］.范悦，全兆一，白厚洪，康振家，译.沈阳：辽宁教育出版社/牛津大学出版社，1998.

［2］巴赫金.巴赫金全集［M］.石家庄：河北教育出版社，1998.

［3］百度百科，冲突理论［EB/OL］.（2014－08－24）［2020－06－03］.http://baike.baidu.com/link？url＝UiTv3QO8jkKA67－NPIz＿voOsz6zgtikj0JSKyNj8z0W0uu81Lub9SVo0AdoexNZ1.

［4］卜长莉.人际和谐与社会和谐发展［J］.学习与探索，2005，（6）：34—38.

［5］陈刚.附生性，因果性，还原性［J］.哲学研究，2005，（3）：80－85.

［6］陈金钊.权力修辞向法律话语的转变——展开法治思维与实施法治方式的前提［J］.法律科学（西北政法大学学报），2013，31（5）：43－53.

［7］陈金钊.法律修辞方法对构建法治意识形态的意义［J］.杭州师范大学学报（社会科学版），2014，36（6）：118－127.

［8］陈炯.法律语言学概论［M］.西安：陕西人民教育出版社，1998.

［9］陈文玲.法庭辩论中的礼貌策略与劝说［D］.广东：广东外语外贸大学，2004.

［10］崔凤娟，苗兴伟.律师庭审辩护词中模糊限制语的顺应理论研究［J］.西安外国语大学学报，2009，17（2）：38－41.

［11］代丽琴.中国律师辩护词的体裁分析［D］.广东：广东外语外贸大学，2004.

［12］杜广才.主位选择策略对增强律师辩护词说服力的作用——主位选择的顺应性研究［D］.广东：广东外语外贸大学，2006.

［13］杜金榜.法律语言学［M］.上海：上海外语教育出版社，2004.

［14］杜金榜.法律语篇树状信息结构研究［J］.现代外语，2007，（1）：40－

50,109.

[15] 冯德正,张德禄,O'HALLORAN K. 多模态语篇分析的进展与前沿[J].当代语言学,2014,16(1),88-99,126.

[16] 冯德正. 多模态语篇分析的基本问题探讨[J].北京第二外国语学院学报,2017,39(3)：1-11.

[17] 傅春晖,彭金定. 话语权力关系的社会学诠释[J].求索,2007,(5)：78-80.

[18] 高志明. 法律与权力[M].北京：中国社会出版社,2004.

[19] 葛云峰,杜金榜. 法庭问话中的话题控制与信息获取[J].山东外语教学,2005,(6)：42-44.

[20] 公静,方琰. 英语法庭辩论语篇的概念功能分析[J].外语研究,2005,(3)：11-16,80.

[21] 郭国松,王小飞. 强奸杀人重罪何以改判死缓[N].南方周末(法治版),2004-01-18.

[22] 韩礼德,姜望琪,付毓玲. 篇章、语篇、信息：系统功能语言学视角[J].北京大学学报(哲学社会科学版),2011,48(1)：137-146.

[23] 韩征瑞. 律师辩论的"人际意义"研究[J].广东外语外贸大学学报,2005,(7)：26-29.

[24] 郝铁川. 误尽法治的性善论[N].检察日报,1999-06-02.

[25] 胡壮麟. 语篇的衔接与连贯[M].上海：上海外语教育出版社,1998.

[26] 胡壮麟,朱永生,张德禄. 系统功能语法概论[M].长沙：湖南教育出版社,1989.

[27] 胡壮麟,朱永生,张德禄,等. 系统功能语言学概论(修订版)[M].北京：北京大学出版社,2008.

[28] 黄银. 预设在刑事法庭辩论中的应用[D].重庆：西南政法大学,2011.

[29] 黄震云,张燕. 立法语言学研究[M].长春：长春出版社,2013.

[30] 姜同玲. 律师辩护词的修辞功能初探[J].广东外语外贸大学学报,2002,(3)：12-17.

[31] 姜望琪. 语篇语言学研究[M].北京：北京大学出版社,2011.

[32] 金晓燕. 顺应法官心理的辩护词语言手段研究[D].广东：广东外语外贸大学,2005.

[33] 李冰. 从律师辩护词的主位选择探析其语言特点[J].广东外语外贸大学学报,2005,(1)：52-55.

[34] 李克兴,张新红. 法律文本与法律翻译[M].北京：中国出版集团,2006.

[35] 李文. 法律知识与日常知识之间：概念意义框架下中国刑事庭审话语中的知识建构研究[D].上海：上海交通大学,2020.

[36] 李振宇. 法律语言学新说[M].北京：中国检察出版社,2006.

[37] 廖美珍. 问答：法庭话语互动研究[D].北京：中国社会科学院,2002.

[38] 廖美珍. 法庭问答以及互动研究[M].北京：法律出版社,2003.

[39] 廖美珍. 目的原则与法庭互动话语合作问题研究[J].外语学刊,2004,(5)：43-52.

[40] 廖美珍. 法庭语言技巧[M].北京：法律出版社,2005.

[41] 廖美珍. 法庭语言技巧(第三版)[M].北京：法律出版社,2009.

[42] 林信华. 社会符号学[M].上海：东方出版中心,2011.

[43] 刘兴兵. 评估理论未来的研究方向刍议[J].外国语文,2013,29(3)：76-79.

[44] 刘振宇. 普法语言研究[J].法律语言学说,2010,(2)：93-109.

[45] 吕殊佳,黄萍. 语用目的原则与机构性话语研究[J].外语学刊,2015,(3)：62-65.

[46] 马丁,王振华. 实现化、实例化和个性化——系统功能语言学的三种层次关系[J].上海交通大学学报(哲学社会科学版),2008(5)：73-81.

[47] 倪正茂. 法哲学经纬[M].上海：上海社会科学院出版社,1996.

[48] 潘庆云. 中国法律语言鉴衡[M].上海：汉语大词典出版社,2004.

[49] 潘小钰. 介入资源与法庭辩论中说服的实现[J].修辞学习,2008,(2)：50-55.

[50] 彭宣维. 英汉语篇综合对比[M].上海：上海外语教育出版社,2000.

[51] 彭祖智. 精神分析[M].上海：中国大百科全书出版社,1991.

[52] 任东来,陈伟,白学峰,等. 美国宪政历程：影响美国的25个司法大案[M].北京：中国法制出版社,2002.

[53] 浦法仁. 应用法律词典("法律语言"词条)[Z].北京：社会科学文献出版社,2015.

[54] 施光. 法庭审判话语的态度系统研究[J].现代外语,2017,39(1)：52-63,146.

[55] 孙春. 中国刑事辩护词语言特点的顺应性研究[D].河北：燕山大学,2009.

[56] 王飞跃. 论道路交通事故责任认定中几对关系的区分[J].政治与法律,

2016,(6)：138-144.

[57] 王洁. 法律语言研究[M].广州：广东教育出版社,1999.

[58] 王洁."依法治国"语境下法律语言研究的科学发展观[J].语言文字应用,2005,(3)：40-42.

[59] 王寅. 认知语言学[M].上海外语教育出版社,2006.

[60] 王振华. 评价系统及其运作——系统功能语言学的新发展[J].外国语,2001,(6)：13-20.

[61] 王振华.结构与意义的接口——语用因素[J].外语与外语教学,2002,(11)：52-55.

[62] 王振华. 试析"三原色"语言研究[J].外语学刊,2003a,(4)：78-83.

[63] 王振华. 介入——一种语言评价系统视角[D].河南：河南大学,2003b.

[64] 王振华. 物质过程的评价价值[J].外国语,2004,(5)：41-47.

[65] 王振华. 语篇研究新视野——《语篇研究——跨越小句的意义》述介[J].外语教学与研究,2007,(5)：396-399.

[66] 王振华. 语篇研究：跨越小句的意义导读[M]//詹姆斯·马丁,戴维·罗斯.语篇研究：跨越小句的意义.北京：北京大学出版社,2007：2-16.

[67] 王振华. 作为系统的语篇[J].外语学刊(3)：50-57.2008.

[68] 王振华. 作为系统的语篇——语篇语义研究[M].上海：上海外语教育出版社,2019.

[69] 王振华. 詹姆斯·R·马丁的司法语言学研究及其启示[J].当代外语研究,2012,(1)：19-24.

[70] 王振华,马玉蕾. 评价理论：魅力与困惑[J].外语教学,2007,(6)：19-23.

[71] 王振华,田华静. 作为社会过程的法律语篇——系统功能语言学框架下的语篇语义观[J].语言学研究 2017,(1)：99-212.

[72] 王振华,张庆彬. 系统功能语言学的演变：小句之外[J].当代外语研究,2013,(10)：1-12.

[73] 王振华,张庆彬. 作为社会过程的法律语篇及其谋篇语义[J].外语教学,2015,(1)：1-6.

[74] 吴伟平. 语言与法律——司法领域的语言学研究[M].上海：上海外语教育出版社,2002.

[75] 吴伟平. 国外法律语言学的形成,现状和分类[C]//周庆生,王洁,苏金.语言与法律研究的新视野——语言与法律首届学术研讨会论文集.北京：

法律出版社,2002:146-162.

[76] 吴启竞. 中国民事庭审中律师说服行为的符义过程驱动模型——系统功能语言学视角[D].上海:上海交通大学.2020.

[77] 刑青芳. 中国律师辩护词情态的说服性研究[D].广东:广东外语外贸大学,2006.

[78] 徐盛桓. 语言学研究方法论探微——一份建设性的提纲[J].外国语,2001,(5):1-10.

[79] 郇昌鹏,吴灿中. 评价系统:历史、现状与未来[J].当代外语研究,2014,(4):15-22,42,77.

[80] 杨凤仙. 法律—语言—法律人——法律语言高端论坛综述[J].中国政法大学学报,2014,(1):154-157.

[81] 杨利芳. 评价的认识阐释[J].解放军外国语学院学报,2008,(3):42-46.

[82] 印世海. 概念拓扑同化论[J].外国语,2012,35(5):46-53.

[83] 于国栋,李枫. 会话分析:尊重语言事实的社会学研究方法[J].科学技术与辩证法,2009,26(2),14-17.

[84] 余凌云. 道路交通事故责任认定研究[J].法学研究,2016,38(6):126-139.

[85] 余素青. 法庭言语研究[M].北京:北京大学出版社,2010.

[86] 袁传有. 警察询问语言的人际意义——评价理论之"介入系统"视角[J].现代外语,2008,(2):141-149.

[87] 袁传有. 惩治犯罪:公诉词语类的评价资源分析[J].广东外语外贸大学学报,2012,(3):55-59.

[88] 袁传有,廖泽霞. 律师辩护词中修辞疑问句的隐性说服力[J].当代修辞学,2010,(4):24-30.

[89] 曾范敬. 警察询问话语批评分析[D].北京:中国政法大学,2011.

[90] 查国防. 奥古斯丁原罪论与荀子性恶论的犯罪之维[J].河南科技大学学报(社会科学版),2006,(4):104-108.

[91] 詹姆斯·马丁,米歇尔·扎帕维尼娅. 副语言意义研究——系统功能语言学视角[J].吴启竞,王振华,译.当代修辞学,2018,(1):2-33.

[92] 张琛权. 评价理论在刑事判决理由与结果中的应用——以刘涌案为例[J].广东海洋大学学报,2007,(5):67-72.

[93] 张大群. 评价的组篇功能研究——以学术论文为例[D].上海:上海交通大学,2010.

[94] 张恒山. 法理要论[M].北京：北京大学出版社,2002.

[95] 张丽萍. 以"评"说"法"：法庭辩论中的评价资源与实现手段[J].外语教学,2007,(6)：29–33.

[96] 张清. 目的原则视野下的刑事辩护词研究[J].修辞学习,2006,(4)：25–28.

[97] 张清. 艺术性语言在辩护词中的体现[J].政法论坛,2013,(2)：116–120.

[98] 张文显. 法理学[M].北京：高等教育出版社,2003.

[99] 张中秋. 中西法学文化比较研究[M].南京：南京大学出版社,1999.

[100] 赵军峰,陈珊. 中西法庭口译研究回顾与展望[J].中国科技翻译,2008,21(3)：19–22.

[101] 赵敏. 目的原则下刑事辩护词策略研究——以涉嫌杀人辩护词为例[D].武汉：华中师范大学,2014.

[102] 赵蕊华. 识别类关系过程的拓扑学研究[J].外语与外语教学,2016,(5)：32–40,144–145.

[103] 郑东升. 法庭调解语言的合法性研究[D].北京：中国政法大学,2011.

[104] 周叶中. 宪法[M].北京：高等教育出版社,2001.

[105] 周赟. 立法用规范词研究：以当下中国立法经验为参照[M].北京：法律出版社,2011.

[106] 朱永生. 系统功能语言学个体化的动因及哲学指导思想[J].现代外语,2012,(4)：331–337.

[107] 朱永生,严世清. 系统功能语言学再思考[M].上海：复旦大学出版社,2001.

[108] BATEMAN J. Text and Image：A Critical Introduction to the Visual/Verbal Divide [M]. London：Routledge, 2014.

[109] BEDNAREK M. Evaluation in Media Discourse：Analysis of a Newspaper Corpus[M]. London and New York：Continuum, 2006.

[110] BEDNAREK M. Language patterns and attitude [J]. Functions of Language, 2009, 16(2)：165–192.

[111] BEDNAREK M, 郇昌鹏.评价系统研究中的关键原则[J].外语研究,2018(1)：39–45.

[112] BERLO D K. The Process of Communication [M]. New York：Holt, Rinehart & Winston, 1960.

[113] BERNSTEIN B. Pedagogy, Symbolic Control and Identity：Theory,

Research, Critique [M]. London: Taylor & Francis, 1996/2000.

[114] BHATIA V K. Analysing Genre: Language Use in Professional Settings [M]. London and New York: Longman, 1993.

[115] BJÖRKVALL A. Multimodality[M]//ÖSTMANN J, VERSCHUEREN J (eds.). Handbook of Pragmatics. Amsterdam: John Benjamins, 2012: 1-20.

[116] BROWN K. Encyclopedia of Language and Linguistics[M]. 2nd ed. Cambridge: Cambridge University Press, 2005.

[117] CHANDLER D. The Transmission Model of Communication[D]. Perth: University of Western Australia, 1994.

[118] COLLINS R. Conflict Sociology: Toward an Explanatory Science[M]. New York: Academic, 1975.

[119] CONLEY J M, O'BARR W M. Just Words: Law, Language and Power [M]. Chicago: University of Chicago Press, 1998.

[120] COOLEY C H. Social Process [M]. Carbondale and Edwardsvill: Southern Illinois University Press, 1966.

[121] COULTHARD M, JOHNSON A (eds.). The Routledge Handbook of Forensic Linguistics [M]. London/New York: Routlege Taylor & Francis Group, 2010.

[122] DEPPERMANN A. Introduction: multimodal interaction from a conversation analytic perspective [J]. Journal of Pragmatic, 2013, 1 (46): 1-7.

[123] DREW P. Strategies in the contest between lawyer and witness in cross-examination[M] //JUDITH N L, WALKER A G (eds.). Language in the Judicial Process. New York: Plenum Press, 1990: 39-64.

[124] EGGINS S. An Introduction to Systemic Functional Linguistics [M]. London: Pinter, 2002.

[125] FEI V L, O'HALLORAN K L, TAN S, et al. Teaching visual texts with the multimodal analysis software[J]. Educational Technology Research and Development, 2015, 63(6): 915-935.

[126] FINDLEY J D, SALES B D. The Science of Attorney Advocacy: How Courtroom Behavior Affects Jury Decision Making[M]. Washington, D. C.: American Psychological Association, 2012.

［127］FINEGAN E. Language: Its Structure and Use［M］. 3rd ed. Harcourt Brace College Publishers, 1999.

［128］FIRTH J R. Papers in Linguistics 1934 - 1951［M］. London: Oxford University Press, 1957.

［129］FORCEVILLE C. Visual and multimodal metaphor in advertising: Cultural perspectives［J］. Styles of Communication, 2017, 9（2）: 26 - 41.

［130］FORCEVILLE C, URIOS - APARISI E （eds.）. Multimodal Metaphor ［M］. Berlin: Mouton de Gruyter, 2009.

［131］FORCEVILLE C. Relevance Theory as model for analysing visual and multimodal communication［M］//MACHIN D （eds.）. Visual Communication. Berlin: Mouton de Gruyter, 2014: 51 - 70.

［132］FOWLER R. Linguistic Criticism ［M］. Oxford: Oxford University Press, 1996.

［133］FRANCESCHI D. A multimodal analysis of discourse in the South African courtroom: The Oscar Pistorius Case［M］// BONSIGNORI V, CAMICIOTTOLI B C （eds.）. Multimodality Across Communicative Settings, Discourse Domains and Genres. Cambridge: Cambridge Scholars Publishing, 2017: 212 - 235.

［134］GARNER B A. The Elements of Legal Style［M］. 2nd ed. New York: Oxford University Press, 2002.

［135］GIBBONS J. Language and the Law ［M］. London and New York: Longman, 1994.

［136］GIBBONS J. Language and the Law［J］. Annual Review of Applied Linguistics, 1999, 19: 156 - 173.

［137］GIBBONS J. Forensic Linguistics: An Introduction to Language in the Justice System［M］. United Kingdom: Blackwell Publishing, 2003.

［138］GILBERT K, MATOESIAN G. Multimodal action and speaker positioning in closing argument［J］. Multimodal Communication, 2015, 4（2）: 93 - 111.

［139］GOODWIN M H, GOODWIN C. Gesture and coparticipation in the activity of searching for a word［J］. Semiotica, 1986, 62（1 - 2）: 51 - 76.

[140] GRADIN F A, ARONSSON K. Teasing, laughing and disciplinary humor: Staff-youth interaction in detention home treatment [J]. Discourse Studies, 2013, 15(2), 167 – 183.

[141] HALLIDAY M A K, MATTHIESSEN C. Halliday's Introduction to Functional Grammar[M]. New York: Routledge, 2014.

[142] HALLIDAY M A K, MATTHIESSEN. C. Construing Experience through Meaning: A Language-Based Approach to Cognition [M]. London: Continuum, 1999.

[143] HALLIDAY M A K. Language as Social Semiotic: The Social Interpretation of Language and Meaning [M]. Beijing: Foreign Language Teaching and Research Press, 1978/2001.

[144] HALLIDAY M A K. 1968. The Users and Uses of Language [M]// FISHMAN J A (ed.). Readings in the Sociology of Language. Berlin: De Gruyter.

[145] HALLIDAY M A K. Exploration in the Functions of Language [M]. London: Edward Arnold, 1973.

[146] HALLIDAY M A K. Language as Social Semiotic: The Social Interpretation of Language and Meaning [M]. London: Edward Arnold, 1978.

[147] HALLIDAY M A K, 1979/2002. Modes of meaning and modes of expression: Types of grammatical structure and their determination by different semantic function[M] // HALLIDAY M A K, WEBSTER J (eds.). On Grammar: Vol. 2 of the Collected Works of M. A. K. Halliday. London: Continuum. 196 – 218.

[148] HALLIDAY M A K. An Introduction to Functional Grammar[M]. 1st, 2nd, 3rd eds. London: Edward Arnold, 1985/1994/2004.

[149] HALLIDAY M A K. 1995/2006. Language and the reshaping of human experience[M] // HALLIDAY M A K, WEBSTER J (eds.). The Language of Science: Vol. 5 of the Collected Works of M. A. K. Halliday. London: Continuum, 1995/2006: 7 – 23.

[150] HALLIDAY M A K. On grammar and grammatics[M]//HASAN R, CLORAN C, BUTT D (eds.). Functional Descriptions: Theory in Practice. Philadelphia /Amsterdam: John Benjamins, 1996: 1 – 38.

［151］HALLIDAY M A K, 1997/2003. Linguistics as metaphor［M］// WEBSTER J (ed.). On Language and Linguistics (Vol 3 in the Collected Works of M. A. K. Halliday). London/New York: Continuum, 1997/ 2003: 248 - 270.

［152］HALLIDAY M A K. An Introduction to Functional Grammar［M］. 2nd ed. Beijing: Foreign Language Teaching and Research Press, 2000.

［153］HALLIDAY M A K, MATTHIESSEN, C. Construing Experience through Meaning: A Language-Based Approach to Cognition［M］. London: Continuum, 1999.

［154］HALLIDAY, M. A. K, MATTHIESSEN, C. An Introduction to Functional Grammar［M］. 3rd ed. London and New York: Routledge, 2004.

［155］HALLIDAY M A K, HASAN R. Language, Context, and Text: Aspects of Language in a Social-semiotic Perspective［M］. Victoria: Deakin University Press, 1985.

［156］HALLIDAY M A K, MATTHIESSEN C. An Introduction to Functional Grammar［M］. Beijing: Foreign Language Teaching and Research Press, 2004.

［157］HEATH C, LUFF P. Gesture and institutional interaction: Figuring bids in auctions of fine art and antiques［J］. Gesture, 2007, 7(2): 215 - 240.

［158］HEFFER C. The Language of Jury Trial: A Corpus-aided Analysis of Legal-lay Discourse［M］. Basingstoke: Palgrave Macmillan, 2006.

［159］HERITAGE J. Garfinkel and Ethnomethodology［M］. Oxford: Polity Press, 1984.

［160］HINKLE R C. Introduction［M］// COOLEY C H. Social Process. Carbondale and Edwardsvill: Southern Illinois University Press, 1966.

［161］HOLLIEN H F. The Acoustics of Crime: The New Science of Forensic Phonetics［M］. New York: Plenum Press, 1990.

［162］HOLSANOVA J. New methods for studying visual communication and multimodal integration［J］. Visual Communication, 2012, 11 (3): 251 - 257.

［163］HOMMERBERG C, DON A. Appraisal and the language of wine appreciation［J］. Functions of Language, 2015, (2): 161 - 191.

［164］HOOD S. Appraising Research: Evaluation in Academic Writing［M］.

London: Palgrave Macmillan, 2010.

[165] HU Y. The Standardization and Artistry of Language in Chinese Criminal Defense: From the perspective of Goal Principle [D]. Beijing: China University of Political Science and Law, 2011.

[166] HYLAND K. A genre description of the argumentative essay[J]. RELC Journal, 1990, 21: 66 - 78.

[167] INNES B. "Everything Happened So Quickly?" HRT Intonation in New Zealand Courtrooms[J]. Research on Language and Social Interaction, 2007, 40(2 - 3): 227 - 254.

[168] ISANI S. Visual Semiotics of Court Dress in England and Wales: Failed or Successful Vector of Professional Identity? [M] //WAGNER A, PENCAK W (eds.). Images in Law. Hampshire: Ashgate, 2006: 51 - 70.

[169] JEWITT C (ed.). Different approaches to multimodality[M]//JEWITT C (ed.). Routledge Handbook of Multimodal Analysis. London: Routledge, 2009: 28 - 39.

[170] JEWITT C (ed.). The Routledge Handbook of Multimodal Analysis[M]. 2nd ed. London: Routledge, 2016.

[171] JOHNSTONE B. Discourse Analysis[M]. Oxford: Blackwell Publishers Ltd, 2002.

[172] JUDITH N L, WALKER A G (eds.). Language in the Judicial Process [M]. New York: Plenum Press, 1990.

[173] KAKAVA C. Discourse and Conflict[M]//SCHIFFRIN D, TENNEN D, HAMILTON H (eds). The Handbook of Discourse Analysis. Oxford: Blackwell Publisher Ltd, 2001.

[174] KHACHAN V. Courtroom proverbial murals in Lebanon: a semiotic reconstruction of justice[J]. Social Semiotics, 2012, 22(3): 333 - 347.

[175] KNIGHT N. Wrinkling complexity: concepts of identity and affiliation in humour[M] //BEDNAREK M, MARTIN J R (eds.). New Discourse on Langugae: Functional Perspectives on Multimodality, Identity and Affiliation. London: Continuum, 2010: 35 - 58.

[176] KRESS G. Multimodality: A Social Semiotic Approach to Contemporary Communication[M]. London: Routledge, 2009.

[177] KRESS G, VAN LEEUWEN T. Multimodal Discourse: The Modes and Media of Contemporary Communication [M]. London; New York: Arnold, 2001.

[178] LARSON C U. Persuasion: Reception and responsibility[M]. 10th ed. Belmont, CA: Wadsworth, a division of Thomson Learning, 2004.

[179] LEMKE J. Resources for attitudinal meaning: evaluative orientations in text semantics[J]. Functions of Language, 1998, 5(1): 33 – 56.

[180] LEVINSON S C. Pragmatics[M]. Beijing: Foreign Language Teaching and Research Press, 2001.

[181] LICOPPE C. Video communication and ' camera actions ': The production of wide video shots in courtrooms with remote defendants [J]. Journal of Pragmatics 2015, 76: 117 – 134.

[182] LORENZO – DUS N. Real disorder in the court: An investigation of conflict talk in US television courtroom shows[J]. Media, Culture & Society, 2008, 30(1): 81 – 107.

[183] LOUW B. Irony in the text or insincerity in the writer? The diagnostic potential of semantic prosodies [M]//BAKER M, FRANCIS G, TOGNINI – BONELLI E (eds.). Text and Technology: in Honor of John Sinclair. Amsterdam: John Benjamins, 1993: 157 – 175.

[184] MACKEN – HORARIK M, ISAAC A. Appraising appraisal [M]// THOMPSON G, ALBA – JUEZ L (eds.). Evaluation in Context. Amsterdam & Philadelphia: John Benjamins, 2014: 67 – 92.

[185] MAHBOOB A, KNIGHT N K (eds.). Appliable Linguistics[M]. London and New York: Continuum, 2010.

[186] MALINOWSKI B. Coral Gardens and Their Magic[M]. London: Allen and Unwin, 1935.

[187] MARSHALL J. Marbury v. Madison [DB/OL]. (1803 – 02 – 01) [2013 – 6 – 19]. https://caselaw.findlaw.com/us-supreme-court/5/137.html.

[188] MARTIN J R, ZAPPAVIGNA M, DWYER P. Users in uses of language: embodied identity in Youth Justice Conferencing[J]. Text & Talk, 2013, 33 (4 – 5): 467 – 496.

[189] MARTIN J R. Evolving Systemic Functional Linguistics: beyond the clause[J]. Functional Linguistics, 2014, 1(3): 1 – 24.

［190］MARTIN J R, WHITE P R R. The language of Evaluation: Appraisal in English［M］. London: Palgrave MacMillan/Beijing: Foreign Language Teaching and Research Press, 2005/2008.

［191］MARTIN J R, ROSE D. Working with Discourse: Meaning Beyond the Clause［M］. London / New York: Continuum, 2003/2007.

［192］MARTIN J R, ROSE D. Genre Relations: Mapping Culture［M］. London/Oakville: Equinox, 2008.

［193］MARTIN J R. Factual Writing: Exploring and Challenging Social Reality［M］. Geelong, Victoria, Australia: Deakin University, 1985.

［194］MARTIN J R. English Text: System and Structure［M］. Amsterdam/ Philadelphia: John Benjamins, 1992.

［195］MARTIN J R. Modeling Context: A crooked path of progress in contextual linguistics［M］// GHADESSY M(ed.). Text and Context in Functional Linguistics. Amsterdam: John Benjamins.1999: 26 - 61.

［196］MARTIN J R. Beyond exchange: APPRAISAL systems in English［M］// HUNSTON S, THOMPSON G (eds.). Evaluation in Text: Authorial Stance and the Construction of Discourse. Oxford: OUP, 2000: 142 - 175.

［197］MARTIN J R. English Text: System and Structure［M］. Beijing: Peking University Press, 2004.

［198］MARTIN J R. Genre, ideology and intertextuality: a systemic functional perspective［J］. Linguistics and the Human Sciences, 2006, 2 (2): 275 - 298.

［199］MARTIN J R. Innocence: realization, instantiation and individuation in a Botswanan Town［M］//MAHBOOB A, KNIGHT N K (eds.). Questioning Linguistics. Newcastle: Cambridge Scholars Publishing, 2008a: 32 - 76.

［200］MARTIN J R. Tenderness: realization and instantiation in a Botswanan town［M］//NORGAARD N (ed.). Systemic Functional Linguistics in Use, Odense: Odense Working Papers in Language and Communication, 2008b, 29: 31 - 62.

［201］MARTIN J R. Realisation, instantiation and individuation: Some thoughts on identity in youth justice conferencing［J］. DELTA, 2009,

25: 549 - 583.

[202] MARTIN J R, 2010. Semantic variation — modeling realization, instantiation and individuation in social semiosis[M]//BEDNAREK M, MARTIN J R (eds.). New Discourse on Langugae: Functional Perspectives on Multimodality, Identity and Affiliation. London: Continuum, 2010, 1 - 34.

[203] MARTIN J R. Realisation, Instantiation and Individuation: Some Thoughts on Identity in Youth Justice Conferencing[M]//WANG Z H (ed.). Forensic Linguistics (Vol 8 in the Collected Works of J. R. Martin). Shanghai: Shanghai Jiao Tong University Press, 2012: 75 - 101.

[204] MARTIN J R. Register and Genre: Modelling Social Context in Functional Linguistics — Narrative Genres[M]//WANG Z H (ed.). Genre Studies: Volume 3 in the Collected Works of J. R. Martin. Shanghai: Shanghai Jiao Tong Press, 2012: 187 - 221.

[205] MARTINJ R. 系统功能语法：理论之再探——轴关系（Systemic Functional Grammar: A Next Step Into the Theory—axial relations）[M]. 王品，朱永生，译. 上海：高等教育出版社，2013.

[206] MARTINJ R. Modeling context: matter as meaning[M]//GOUVEIA C, ALEXANDRE M (eds.). Languages, Metalanguages, Modalities, Cultures: Functional and Socio-discursive Perspectives. Lisbon: Bond & ILTEC, 2013, 10 - 64.

[207] MARTIN J R. Systemic Functional Grammar: A Next Step into the Theory-Axial Relations[M]. Beijing: Higher Education Press, 2013.

[208] MARTIN J R, MATTHIESSEN C. Systemic typology and topology[C]//CHRISTIE F (ed.). Social Processes in Education: Proceedings of the First Australian Systemic Network Conference. Melbourne: Deakin University Press, 1991, 345 - 383.

[209] MARTINJ R, WHITE P. The Language of Evaluation: Appraisal in English[M]. New York: Palgrave Macmillan, 2005.

[210] MARTIN J R, ZAPPAVIGNA M. Youth justice conferencing: Ceremonial redress. International Journal of Law[J]. Language and Discourse, 2013, (3): 103 - 142.

[211] MARTIN J R, ZAPPAVIGNA M. Embodied Meaning: A Systemic Functional Perspective on paralanguage[J]. Contemporary Rhetoric, 2018 (1): 2 - 29.

[212] MARTIN J R, ROSE D. Working with Discourse: Meaning Beyond the Clause[M]. Second Edition. Peking University Press, 2007/2014.

[213] MATOESIAN G, ROY C, MERTZ E. Translating Token Instances of "This" into Type Patterns of "That" [M]//MERTZ E, FORD W, MATOESIAN G (eds.). Translating the social world for law: linguistic tools for a new legal realism. NY: Oxford University Press, 2016: 55 - 84.

[214] MATOESIAN G M. Role conflict as an interactional resource in the multimodal emergence of expert identity[J]. Semiotica, 2008, (171): 15 - 49.

[215] MATOESIAN G M. Multimodality and forensic linguistics: Multimodal aspects of victim's narrative in direct examination[M]//COULTHARD M, JOHNSON A (eds.). The Routledge Handbook of Forensic Linguistics. New York: Routledge, 2010: 541 - 557.

[216] MATOESIAN G M. This is not a course in trial practice: Multimodal participation in objections [J]. Journal of Pragmatics, 2018, 129: 199 - 219.

[217] MATOESIAN G M, Gilbert K. Multifunctionality of hand gestures and material conduct during closing argument[J]. Gesture, 2016, 15 (1): 79 - 114.

[218] MATOESIAN G M, Gilbert K. Let the Fingers Do the Talking: Language, Gesture and Power in Closing Argument[M]//LEUNG J, DURANT A (eds.). Meaning and Power in the Language of Law, Cambridge: Cambridge University Press, 2018: 137 - 163.

[219] MATON K. Knowledge and knowers: Towards a Realist Sociology of Education[M]. London: Routledge, 2014.

[220] MATTHIESSEN C M I M. Language, social life and discursive maps [R]. Adelaide: Plenary for Australian Systemic Functional Linguistics Conference, 2003.

[221] Supreme Court of the United States. McCullen v. Coakley [EB/OL].

[2014 - 01 - 05]. http://www. supremecourt. gov/oral_arguments/ argument_transcripts/12 - 1168_986b.pdf

[222] Monty Python's Flying Circus [EB/OL]. (1969 - 1974) [2020 - 09 - 20]. https://www.netflix.com/sg-zh/title/70213238.

[223] MCEWEN N. Judges, Justice and Freedom[N]. BBC Parliament News, 2003 - 09 - 01.

[224] MELLINKOFF D. Language of the Law[M]. Boston: Little, Brown and Company, 1963.

[225] MULHOLLAND J. Handbook of persuasive tactics: A Practical Language Guide[M]. London/New York: Routledge, 1994.

[226] O'BARR W M. Linguistic Evidence: Language, Power and Strategies in the Courtroom[M]. California: Academic Press, 1982.

[227] O'HALLORAN K L, TAN S, PHAM D S, et al. A digital mixed methods research design: integrating multimodal analysis with data mining and information visualization for big data analytics[J]. Journal of Mixed Methods Research, 2018, 12 (1): 11 - 30.

[228] OLSSON J. Forensic Linguistics: An Introduction to Language, Crime and the Law[M]. New York: Continuum, 2004.

[229] PERLOFF R M. Dynamics of Persuasion: Communications and Attitudes in 21st Century[M]. 4th ed. New York: Routledge, 2010.

[230] PHILIPS S U. Ideology in the Language of Judges[M]. New York: Oxford University Press, 1998.

[231] POYNTON C. Address and the Semiotics of Social Relations: a systemic-functional account of address forms and practices in Australian English [D]. Sydney: University of Sydney, 1990.

[232] PULLUM G K, Forensic Syntax for Spam Detection [EB/OL].(2004 - 09 - 22) [2020 - 09 - 20]. http://itre.cis.upenn.edu/~myl/languagelog/ archives/001476.html.

[233] QUIRK R, GREENBAUM S, LEECH G, et al. A Grammar of Contemporary English[M]. London: Longman, 1972.

[234] RANK H. Teaching about public persuasion[M]//DIETERICH D (ed.). Teaching and Doublespeak. Urbana, IL: National Council of Teachers of English, 1976.

[235] ROSE P, 2006. Technical forensic speaker recognition: Evaluation, types and testing of evidence[J]. Computer Speech & Language, 2006, 20 (2 - 3): 159 - 191.

[236] ROYCE T D. Intersemiotic complementarity in legal cartoons: An ideational multimodal analysis [J]. International Journal for the Semiotics of Law-Revue internationale de Sémiotique juridique, 2015, 28(4): 719 - 744.

[237] SARANGI S. Evaluating evaluative language[J]. Text, 2003, 23(2): 165 - 170.

[238] SHANNON C E, WEAVER W. The Mathematical Theory of Communication[M]. Urbana: University of Illinois Press, 1949.

[239] SHORT M H. Exploring the Language of Poems, Plays and Prose[M]. London: Longman, 1996.

[240] SHUY R. Fighting over Words: Language and Civil Law Cases[M]. New York: Oxford University Press, 2008.

[241] SHUY R W. The Language of Bribery Cases[M/OL]. Oxford: Oxford Scholarship Online, 2014 [2020 - 09 - 20]. https://oxford. universitypressscholarship. com/view/10. 1093/acprof: oso/ 9780199945139.001.0001/acprof - 9780199945139.

[242] SMITH B A, TAN S, PODLASOV A, *et al*. Analysing multimodality in an interactive digital environment: software as a meta-semiotic tool[J]. Social Semiotics, 2011, 21(3): 359 - 380.

[243] SOLAN L. The Language of Judges[M]. London and Chicago: The University of Chicago Press, 1993.

[244] STENGLIN M. Packaging curiosities: towards a grammar of three-dimensional space[D]. Sydney: University of Sydney, 2004.

[245] STOKOE E. "For the benefit of the tape": Formulating embodied conduct in designedly uni-modal recorded police — suspect interrogations[J]. Journal of Pragmatics, 2009, 41(10), 1887 - 1904.

[246] STREECK J, GOODWIN C, LEBARON C (eds.). Embodied Interaction: Language and Body in the Material World[M]. Cambridge: Cambridge University Press, 2011.

[247] STYGALL G. Trial Language [M]. Philadelphia: John Benjamins

Publishing Company, 1994.

[248] SWALES J M. Genre Analysis: English in Academic and Research Settings[M].Cambridge: Cambridge University Press, 1990.

[249] SWAN M. Practical English Usage [M]. Oxford: Oxford University Press, 1980.

[250] THOMPSON G, HUNSTON S. Evaluation: an introduction [M] // HUNSTON S, THOMPSON G (ed.). Evaluation in Text: Authorial Stance and the Construction of Discourse. Oxford: Oxford University Press, 2000: 1-27.

[251] THOMPSON G. Introducing Functional Grammar[M]. London: Edward Arnold, (Publishers) Limited /Beijing: Foreign Language Teaching and Research Press, 1996/2000.

[252] THOMPSON G. AFFECT and emotion, target-value mismatches, and Russian dolls: Refining the APPRAISAL model[M]//THOMPSON G, ALBA - JUEZ L (eds.). Evaluation in Context. Amsterdam & Philadelphia: John Benjamins, 2014: 47-66.

[253] TIERSMA P M. Legal Language [M]. Chicago: The University of Chicago Press, 1999.

[254] TIERSMA P M, SOLAN L M (eds.). Language and Law[M]. New York: Oxford University Press, 2012.

[255] VENTOLA E. The Structure of Social Interaction: A Systemic Approach to the Semiotics of Service Encounters[M]. London: Pinter, 1987.

[256] VERSCHUEREN J. Understanding Pragmatics[M]. Beijing: Foreign Language Teaching and Research Press, 2000.

[257] WANG Z. Application of Appraisal Systems to 'Hard News': Read 'Hard News' Critically[R]. International Conference on Functions and Texts, Guangzhou: Zhongshan University, 1999.

[258] WANG Z. Construal of Attitude and Interpersonal Harmony [R]. Beijing: Beijing University, 2011.

[259] WANG Z. Treating Language Descriptively Instead of Prescriptively [R]. Suzhou: 1st Suzhou PhD Forum, 2012a.

[260] WANG Z. Modeling Personalized Meaning [R]. Sydney: 39th International Systemic-Functional Linguistics Congress, 2012b.

［261］WANG Z. Legal Discourse: An Introduction. Linguistics and the Human Sciences, Vol. 12(2 - 3): 95 - 99. 2019.

［262］WANG Z. Zhizhe yu danding, chuancheng yu fazhan: mading de xueshu shengya. ［Persistence and poise, evolution and development: My view of James R. Martin's research career］［J］. Contemporary Foreign Languages Studies, 2010, (10): 1 - 3.

［263］WHITE P. Appraisal ［M］ //ZIENKOWSKI J, ÖSTMAN J, VERSCHUEREN J (eds.). Discursive Pragmatics. Amsterdam & Philadelphia: John Benjamins, 2011: 14 - 36.

［264］WILSON R A, KEIL F C (eds.). The MIT Encyclopedia of the Cognitive Sciences[M]. Cambridge: The MIT Press, 1999.

［265］XU W. The Court Records of O. J. Simpson Trial［M］. Beijing: Publishing House of Law, 1998.

［266］ZAPPAVIGNA M, MARTIN J. Discourse and Diversionary Justice: An Analysis of Youth Justice Conferencing ［M］. Cham: Springer International Publishing, 2018.

［267］ZAPPAVIGNA M, CLEIRIGH C, DWYER P, et al. Visualizing Appraisal Prosody[M]//MAHBOOB A, KNIGHT N (eds.). Appliable Linguistics. London: Continuum, 2010, 150 - 167.

［268］ZAPPAVIGNA M, CLEIRIGH C, DWYER P, et al. The coupling of gesture and phonology[M]//BEDNAREK M, MARTIN J R (eds.). New Discourse on Language: Functional Perspectives on Multimodality, Identity, and Affiliation. Bloomsbury Publishing, 2010: 219 - 236.

［269］ZAPPAVIGNA M, DWYER P, MARTIN J R. Syndromes of meaning: Exploring patterned coupling in A NSW Youth Justice Conference[M]// MAHBOOB A, KNIGHT N (eds.). Questioning Linguistics. Cambridge: Cambridge Scholars Publishing, 2009: 165 - 187.

［270］ZHANG J. Faguan he yiban susongren zhijian huayu chongtu de pipan yuyan fenxi. ［A CDA Study of Conflict Talk Between Lay Litigants and Judges］［D］. Guangdong: Guangdong University of Foreign Studies, 2004.

索　引